图说名人

《图说名人》编委会 编著

卢梭

最著名的忏悔者

Lusuo
Zui Zhuming de chanhuizhe

南海出版公司

图书在版编目（CIP）数据

最著名的忏悔者——卢梭 ／ 《图说名人》编委会编
著． —— 海口 ：南海出版公司，2015.9（2024.8重印）
ISBN 978-7-5442-7983-3

Ⅰ．①最… Ⅱ．①图… Ⅲ．①卢梭，J.J.（1712～
1778）－传记 Ⅳ．①B565.26

中国版本图书馆CIP数据核字（2015）第204936号

ZUIZHUMING DE CHANHUIZHE——LUSUO

最著名的忏悔者——卢梭

编　　著	《图说名人》编委会
责任编辑	张蕾
出版发行	南海出版公司　电话：（0898）66568511（出版）
	（0898）65350227（发行）
社　　址	海南省海口市海秀中路51号星华大厦五楼　　邮编：570206
电子信箱	nhpublishing@163.com
经　　销	新华书店
印　　刷	天津旭丰源印刷有限公司
开　　本	787毫米×1092毫米　1/16
印　　张	7
字　　数	80千
版　　次	2015年12月第1版　　2024年8月第3次印刷
书　　号	ISBN 978-7-5442-7983-3
定　　价	36.00元

　　如果你没看过卢梭的《忏悔录》，你可能会觉得卢梭这种无论思想还是作品风格都具有高度独创性、见解深刻的作家，本人一定是个非常了不起的人，浪漫、理智甚至强悍都可以安在他的身上，合适得就像量体裁衣。但你要是看过《忏悔录》，就不会这样想了，卢梭年轻时干过的一些事，是相当令人不舒服的。他敏感、嫉妒，极其多愁善感。但这样简单地评价《忏悔录》是不公平的，法国人说："没有一个作家像卢梭这样善于把平民表现得卓越不凡。"这才是最好的评价，但也只是《忏悔录》诸多奥妙的九牛一毛。

　　《忏悔录》开启了19世纪的浪漫主义文学，很多世界级作家受过它的影响，比如伟人的诗人拜伦。在中国，也影响了巴金、郁达夫等人。如果说，这本书开启了文学革命，那么他的政治著作则开启了思想革命。

　　《社会契约论》间接引发了法国大革命。其中"主权在民"的思想，是现代民主制度的源泉。美国的《独立宣言》和法国的《人权宣言》及两国的宪法均体现了《社会契约论》的民主思想。

　　他的《爱弥儿》也深刻影响了西方现代教育制度，掀起了教育史上的革命。卢梭倡导打破实用主义的教育，实行自然教育，让孩子接近自然，参加劳动，灌输自由、平等、博爱、仁慈、诚实这些具有普世价值的思想内容，充满人文关怀，避免人成为创造物质的工具和奴隶而被异化。

　　卢梭以孱弱之身、敏感之心，在三个领域引发了巨大的革命，前无古人，后无来者。没有卢梭，社会也许是另外一个样子吧。有人会说，总有人代替他，但可能也会晚一些吧。就算是都得到了变革，这么大的成就，能集于一身吗？这是卢梭的天才和伟大之处，独特得无可取代。200多年过去了，在思想和艺术上达到《忏悔录》水平的作品一直没有再一次出现。

目录

那些年少往事

离家的艰辛

尝试文学创作

 ## 丰富自己的学识

一七一二年～一七二八年

那些年少往事

我要着手做一件工作，这工作在过去是无例可循的，将来呢，也是没有人能模仿的。我要将一个完完全全的人写给世人看，这个人就是我自己。

只有我一个人吧。我了解我的心，我曾把人类研究过。我跟我所认识的人没有任何相像之处，也许全世界没有一个人和我相像。我虽然不一定比旁人好，但是至少与众不同，大自然创造我这个人，是好是坏，却是要看完这本书才能做判断了。

无论什么时候，只要最后的喇叭一响，我就要手里拿着这本书，并站到那至高无上的主宰面前，大声说道：这是我的行为，这是我的思想，这就是我。无论是好事坏事，我都一样自由地大胆地将它叙述出来；我不隐瞒什么罪恶，也不添加什么功德。如果我有时候用了一点辞藻，那是因为我记忆里有些模糊，只好加几句话来添补空白。我也许自以为某件事情似乎是可能的，然而我绝不将明知是假的东西认为是真的。我承认这就是我：有时候卑劣可鄙，有时候却道德宽大而高尚———就好像你看到了我最深处的灵魂一样。永生的神，无数我的同类环绕着你的宝座，请他们也来听我的自白，让他们为我的受辱而伤怀，让他们为我的不幸而脸红，让他们每一个人和我一样忠诚地轮流在你的座前，将他们的心事说出。如果他敢如此做的话，那么让他说："我比那人好。"

◇ 图 说 名 人 ◇

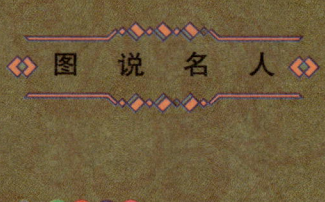

名人名言

我们栽培草木，使它长成一定的样子；我们教育人，使他具有一定的才能。

——卢梭

我一七一二年生于日内瓦。父名以撒·卢梭，母名为须桑·贝那，都是瑞士公民。祖上传下相当的资产，被十五个孩子一分，父亲所得的实在少之又少。他的职业是钟表匠，技能高超，修理钟表是他唯一的工作。母亲是牧师的女儿，很有钱并且贤惠端庄。父亲费尽九牛二虎之力才能和她结合，他俩的爱情仿佛从小就萌芽了，八九岁时已两小无猜同游共步，到了十岁他俩就如胶似漆地形影不离了，这全是一种真情的流露，由亲密的往来而形成了爱情的结合。他俩自幼好像就是温柔多情的，因灵感的一致而产生爱慕，因爱慕而愈坚定他俩的信守。这种精神的谐和，与其说是人定的，倒还不如说是天定的来得确切些。无情的社会虽常阻碍着有情人的维系，可是正因困难愈多，而愈增加有情人真挚的爱情呢。少年情郎为爱人而魂梦无主，整个人都瘦削了。爱人为稍免他的相思之苦就劝他驾车出游，以解忧愁。他虽听了她的话而去旅行，可是朝思暮想，一日未能忘怀，也许还比以前更多情呢。他俩自经过了这番相思愈觉得顷刻不能相离，大有"在天愿作比翼鸟，在地愿为连理枝"之慨。而彼苍天者，也似乎在默佑他俩的好合呢。

我母亲的弟弟克伯·贝那也同我父亲的妹妹有了爱情，但我的姑母却要我的父亲和他的姐姐订婚后，才允许他俩成为密友。结果天从人愿，两对少年爱侣，在爱情达到顶点时，便在同一天结婚了，因此我的舅舅也是姑丈了，双方的子女也亲上加亲，而成为双料的姑表兄妹了。婚后一年双方都生了小孩，但不久双方的丈夫却因工作的需要而不得不放下他们的甜蜜伴侣。

我的舅舅是一位工程师，曾替希腊王国及匈牙利做过事，而且在勃格特的那一战役中立下战绩。至于我父亲，自从生下我的哥哥以后，便到奥斯曼帝国首都伊斯坦布尔去做御用的钟表匠。在这段离

别中，我那个端庄贤惠又能干的母亲，很受崇慕，尤其是法国公爵克罗对她极献殷勤，甚至在三十年后碰到我时，还对我提起她的一切。可是我的母亲对爱情专一，为她的男人坚守贞节。后来她催我父亲回家，我是在这段时期内所酝酿的"孽障"。十个月之后，母亲生下我这个体弱多病的婴儿，而她却因难产而永别人间。从那一刻起我一生的悲剧就开始了。

我不知道我父亲如何忍受这种悲哀，我只感到他的郁郁寡欢，若有若失。他一看见我，也就想起她，他永不会忘却我是夺去她生命的人。他抱着我亲我时，我似乎常感到他的悲吁叹息，寄怨恨凄苦于无穷的温柔抚爱中，我因而更感觉到他抚爱中的温柔和伤心。

"唉。"他叹息地向我说，"把她交还给我，好叫爱的心灵得到慰藉。我疼爱你，难道就因为你是我的儿子之故吗？"他的爱妻虽已死了四十年了，可是他对于她的思念极为深刻，谈话之中老是念念不忘她呢。

我的主宰者就是如此的一种人，苍天赋予他们一切，他们只遗留给我

※从某种意义上说，法国的文明由女人主宰着

一个多愁善感的性格，而这个多感的性格，在他们看是快乐的源泉，而以我看却是一切苦恼的端绪了。

我自呱呱坠地，就得了泌尿病，几濒于危，很难有发育的希望的。它虽然时发时愈，可是有时甚至还会并发别的病症，至今还受着它的苦痛呢。我写到这儿，真要感谢我的姑母，她费尽了心血才把我抚养长大，她那时是一位端庄干练的少妇，她至今尚健在，虽已八十多岁的高龄了，可是仍服侍比她年纪小而嗜酒的丈夫。亲爱的姑母啊，您救了我的生命，我很感激您，只恨我不能在您年迈之时，报答您以前哺育的恩惠。还有我亲爱的乳母茄克令也还健在，我既由她的手来开启了我的眼睛，死时也得靠它殓合的。

人类的本能大多是先有知觉而后产生思想，我更是如此。我记不起五六岁以前的往事了，我如何去念书，也已茫然不知了，如今不过稍稍记得那时的念书和效果罢了。它其实只是为了要学习字句而已，可是后来我对它竟产生了浓厚的兴趣。从此我和父亲每晚必读这些小说，不终卷绝不肯罢手，有时竟达天亮。父亲听见小鸟啾唧必惭愧地说着："我们该睡了，我好像比你更像小孩啦。"

如此短时期内，我对于阅读已日渐精练，但在我这小小的年纪，竟被无谓的情欲把持住了。对于一切，我未有真知灼见；就是所谓情欲，又何尝了解呢？实际上我只有感觉。这种暧昧的情欲，因在理性发生之前，尚没有什么影响，不过它却渐渐成为一种异样的情操，总觉得人生就和小说中人物一样地荒诞。以后我虽有许多的经历和反省，总难纠正我这个人生观念了。

在一七一九年的夏天，我把那些小说都看完了。到了冬天，便阅读别的读物了，我母亲所仅留的书籍已全看过，于是就到外公那边去借读他的书籍。真幸运我得到了许多珍贵的书籍，那全是一个风雅

好学的牧师所收集的，包括了李瑟的《教会和帝国史》、朴氏的《世界全史》、白的《伟人列传》、娜尼斯史乘·奥密的《变态论》、马特儿的《世界及死的对话》，及莫里哀的几种书籍。我在父亲工作时，常念给他听的，我尤其爱看白的《伟人列传》，我不时看着它，我的小说瘾才能稍稍减少一些，日后我就渐渐爱看阿日来的、亚里士多德的、亚耳门等人的著作，我也常和父亲辩论着一切事务。从此我的自由观念和共和精神，遂深深植根了。我那高傲以及不肯屈服世人的品性，更加坚深了。我的脑中所萦绕的全是希腊、罗马的伟人们。我既禀赋着自由公民和爱国的父亲的遗传，深觉伟人们是我最好的榜

样，我甚至在言行之间也能与那些历史中的人物高谈着、怒目着。一天我在手舞足蹈地演述较难的浪漫行径时，大家见我的手正勇敢地放到火炉上去了，不免吓了一跳呢。

我那唯一的哥哥，比我大七岁，学的也是父亲的手艺。因为大家对我不免偏爱，对他似乎忽略了，因为没有多读书，他就不怎么循规蹈矩而自甘堕落了。我父亲就把他送到别人家去习艺，可是，他仍是和在家时一样的偷懒。我有时遇见他，他虽未能了解我，但我看他爱我的心，全是顽孩的一时高兴呢。我记得有一回，父亲愤怒了，打他一顿，我即去排解，并以身遮住哥哥，替他受罚，我父亲因我的

※ 卢梭出生于瑞士日内瓦。图为瑞士美景

悲哭及劝解，也怕伤了我的肉体而终于放手了。自此，哥哥便逃之夭夭，有人说他在德国，不过他始终未曾寄信回来，生死未卜，所以我真的变成一个孤独的小孩了。

我生死未卜可怜的哥哥，可算是没受过什么教育；而我就相反，我小时养尊处优，就连公子皇孙也怕不及我呢。但我在小时从没有独自一人到街头和那些顽童嬉戏，家人对我这种怪习气也不说什么话。孩子们的那种好说、贪玩以及打诨的缺点，我当然也不能例外。我有时会去偷窃果物、糖饼和别的东西，但从来没有去损坏物件和冤诬旁人，就连伤害生物我也不会的。只有一回我在邻家的那个老太太去做祷告时，在饭锅内撒了一泡尿，如今想起这事还觉好笑。那个老太太克拉是一个好人，不过她的嘴总是非常嘀咕，是我最不喜欢的。这是我在小时做的一点坏事。

我怎会变成坏人呢？我的眼睛所看的都是温柔的事情，我的四周又全是善良的人物。我的父亲、姑母、乳母、亲戚、朋友、邻居，都是爱我而非故意谄媚我的。我自己当然也只有以"爱"来亲近他们，一切不良的恶习固然无由产生，意志既不曾受到刺激，行为当然不敢放肆了。我的同伴除了和父亲读书写字及和乳母散步之外，还有姑母。我常和她相处，看她织棉、听她唱歌或坐在她的身旁，我总是十分快乐的。她乐天的心情、温婉的品格、漂亮的面孔、婉转的声音以及笑貌和姿态，至今犹如在眼前。至于她的打扮和梳发的时髦，我依稀还能忆起它的形式呢。

我以后有爱好音乐的癖好，也是姑母所引起的。她懂得许多流

知识链接

莫里哀是法国喜剧作家、演员、戏剧活动家，法国芭蕾舞喜剧的创始人。本名为让·巴蒂斯特·波克兰，莫里哀是他的艺名。莫里哀是法国17世纪古典主义文学最重要的作家，古典主义喜剧的创建者，在欧洲戏剧史上的地位十分重要。代表作是《无病呻吟》《伪君子》《悭吝人》《唐璜》。莫里哀给后人留下了近三十部喜剧，他不仅是杰出的剧作家、出色的导演，还是一位造诣极高的演员，他以整个生命推动了戏剧的前进，以滑稽的形式揭露了社会的黑暗，是法国古典主义文学的杰出代表。

※ 卢梭喜爱大自然，并寄情于自然，所以即便在漂泊的岁月中他也没有精神空虚之感

行歌曲，每当她引吭高歌，娇柔婉转、余音袅袅，听者每每为之动容，忧愁和烦闷在不觉中溶化于无形了。那些所唱的曲调，使我深深地感到愉快，至今虽然有些事情已忘记，这事到此刻还能记起来。我虽已如此衰老颓唐，但有时还会像小孩般地唱着那些调子。

以上是我初降生时所受到的温柔和慈爱，其后渐渐养成了一种自大或曲折的情状，和一种温柔而带刚愎的性格；如此柔弱和刚愎之间就造成了一种矛盾的自我。

我的教育后来因事中断了，影响我一生实为巨大。

这是因我父亲和一个法国的军官有了嫌隙，他无故诬害我父亲持刃行劫，想使我父亲入狱，但我父亲反诉他挟嫌诬害，照例他也该坐牢的。后来此事虽算无形搁置了，但我父亲却被迫离开日内瓦以保全他的名誉和自由，他就此远走异国终其天年了。

因此，我就得依赖舅父的抚育了。此时他恰好回来服务日内瓦的筑城工作。他的大女儿已死，只有一个和我同年的儿子。我俩就到柏塞去，寄居在楞柏先生家里，去学习拉丁文和一些杂乱的功课。

在柏塞过了两年的乡村生活，

※ 日内瓦风光

却纠正了我许多放荡的习气。以前在家里无拘无束的，倒会自动地去念书。自到柏塞后，读书虽是日常的功课，但我却常常逃学去找别的游戏。乡村的风景，在城里的人看去是很新奇的，于此逐渐地产生兴趣，一生简直没有遇到过。如此醉心于自然，在今日的我常自恨不能再领略此中的快乐了。说起楞柏先生，他是很有智慧的，对我们管教也极认真。我们行动虽受拘束，读书兴趣却也能仍旧持续下去。在这边我学到的东西虽不多，但却不觉繁重，而且也没有遗忘，这是我很感自慰的。

我天天陶醉在自然环境中，心胸扩展了不少。尤其是养成了高尚的亲情，我以前所感受到的不过是些寡淡的感情罢了。如今既和表兄在恬静的乡间同住良久，我俩的感情就更觉真挚了。甚至我爱他

比以前爱自己的哥哥还多些，而且这种爱是永远不会消失的。我的表兄瘦弱得很，性情既温婉，体质也柔弱，是一个软弱的少年典型。我俩的工作、游戏、嗜好，都很相像，再加上又是同年，彼此都想得到一个好友；如果我俩有一人要别离了，那另一个必会感到无比的孤寂。我们彼此珍惜着对方的亲情，我们将永远不会分离。我俩，不论在游戏或工作方面的意见极为和谐，就算稍有不快之处，也会互相迁就。在外表看，表兄是占优势，不过由我看来，我也不下于他，所以刚刚好平衡了。他书背不出来时，我在旁暗示着；我文章已做好，就替他代做。游戏时，我又常是主动的，我俩的性情始终相似，从柏塞到日内瓦这五年间，我俩的感情始终不变。就算闹翻了，也不必有人调解立刻就和好了；我俩的冷战永不会超过一刻钟的，而且我俩也从不曾互相诋毁过——要知道这是小孩最易犯的错误。

像这种生活如果永久持续下去，就会在无形中养成坚定不移的品格。那种温柔恬静的情绪、愉快的环境，都可使我奠定人生的根基。我想世人将没一个比我更诚实，有时我感觉很快乐，有时我又悲从中来，但能为亲近的人所爱，

知识链接

日内瓦是瑞士第二大城市，位于日内瓦湖西南角，湖上的大喷泉是日内瓦的象征。日内瓦风景优美，它是国际化城市，世界各国际机构云集于此。日内瓦以其深厚的人道主义传统，多姿多彩的文化活动，重大的会议和展览会，令人垂涎的美食，清新的市郊风景及众多的游览项目和体育设施而著称于世。日内瓦也是世界钟表之都，钟表业与银行业是日内瓦的两大经济支柱。

倒是我唯一的心愿了。我的品性温良和表兄一样，就连我俩的老师楞柏也很和蔼。受教两年，简直未受过一次的厉色和呵斥，我的心地，可说完全是受大自然的洗礼。看见大家爱我并爱着自然的一切，都使我感到快乐。我常记得在教堂朗诵时，有时楞柏小姐看见我读不下去时，她显出苦恼的状态，真叫我难为情极了。我对于他人的夸赞，并不在意，但是羞耻却使我极为难堪呢，而楞柏小姐的苦恼表情，更令我受不了。

楞柏先生的妹妹对我们好像

严母般，管束我们也很严，她常以恫吓的方法来处罚我们。我虽觉得难过，终不敢有什么反抗的事。我是最怕别人对我有任何不悦的脸色的，因它比答罚还令我难受。她如果见到我们的错处，便立即板起脸孔。记得有一次她对我威吓，还加以答罚呢。不过责罚后我倒也不以为意，但她的恫吓实在使我害怕。她这回打我，我又觉得心中有一种快感，这是因她真实的情感，和我性情平和之故，我虽常受她的责罚可是实际上还嫌不够，这大概因我含有"早熟"性的勃发，和与异性接触的快乐等关系所致。她的哥哥如果答罚我，我也许感到无趣吧。

当然再度被打是无法避免的，我因无意的犯过，引起楞柏小姐第二回的处罚。但以后她对于这种惩戒，觉得没有教育上的意义，也就不再运用了，其实责打时她也很辛苦。后来我们还睡卧在她的寝室内，冬天并在她床上睡。从此她待我犹如抚养一个大孩子般，我真觉得三生有幸。

如此八岁年纪的小孩，受了三十岁女人的责罚，而能影响我以后的意志，以及终身浪漫的人格，这事谁会相信呢？我那强烈的性欲，常被我的意志和羞耻压制着。我自始即说我有强烈的性欲，不过到了成年之时我还是保持纯洁，而未被这个早熟的性念所左右。虽常受那无谓的烦闷，如遇佳人而爱慕等；但我并不是如低俗人那样的乱来，我有理想中的对象，只要能和楞柏小姐那样纯洁的人在一起我就满足了。

我在发育期时，非常地渴想女性，但我因受了教育的陶冶，始终未涉淫乱。我的教育可说是比任何人都纯洁些。我有三个姑母，虽不能誉为贤德，却也不是随俗浮沉的妇人所能同日而语的。我的父亲虽个性狂放，但在妇人面前却极有礼貌，见了女子，往往还未说话，就已经害羞了。他对家人从未苟言色笑，对待小孩也极谨慎。在楞柏先生家也是很规矩的。有一回，一个庸妇因向我们讲了一句笑话而被辞退了。所以我一直到成人时，尚不懂何谓"异性结合"，而且还觉得可憎呢。至于娼妓那些丑态，我更厌恶了。有一次听人说起桑间濮上的苟且行为，我也觉得太不像话了。

此种教育虽不近情理，但它能遏阻我这种剧烈的欲念，我心内虽是心猿意马，但我只求如何能使我得到意淫的快乐，无论欲念怎样沸腾，我只有忍耐克制，并形诸梦寐以求的满足罢了。我虽如此痴心妄想，无论怎样受着刺激始终都不敢

有任何举动，最多不过在心目中假借一些女子聊以寄兴而已。

此种早熟性，以及热烈易刺激的情绪，不仅在我幼年时，对女子的渴慕，都能和待楞柏小姐一样的纯正，在我成年后，也不会因早熟和热烈的性情而使我对女子有放荡的举动。这种儿童式的兴趣一直维持到永久。而且我怕羞的癖性、怯懦的举止，极难得到女性的青睐。当我爱慕她时，我就是不敢说出口；外表既无所表示，就只有求诸内心的满足了。我觉得最快乐的便是屈身求爱时，受她的娇诘漫骂了。此种幻念刺激得我心血沸腾，但同时我更觉得柔怯难为情，这样地追求爱情当然是不会有效力的。我自己虽不能常与女子亲近，但我别有真乐，此种乐趣不在形色，而全在梦幻中。由此可见我屡弱的气质、单纯的情感以及浪漫的心情在无形中混合了，遂形成我这样的情感和守礼的行为。如果我以此热烈心情感受，稍稍越轨一点，那么流弊所及，真是不堪设想哩。

我说出如此怪诞的忏悔，实则在我的一生，始终都有这类可笑可羞的事情。我至今虽已老迈，但这种小孩般冲动仍常常伴随我。如果我爱上了一个人，那种热烈的情焰必使我目明、耳聪，乃至一切知觉

全部消失，甚至全身肌肉也会引起颤动，但我始终不敢对此人表白这种热情。

我的举止，从外表看去，仿佛是矛盾不可解，其实也是势所必然，因为多愁善感的关系。例如我强烈的心灵和那懦弱的感觉之交战。谁会相信我这个懦弱而又怕羞的孩子，会做出顽强的事情来呢？

有一天，我一个人在房内看书，一个女佣把楞柏小姐的发梳放在火炉上烘烤。当她来拿时，却看见有一边梳齿完全折断了。谁会做这个恶作剧，除了我来过此房，别无他人了。于是她们指问我，我矢口否认干过此事，楞柏先生兄妹严词诱迫着、恫吓着，我仍是不承认。因为他们以为这是我故意欺骗的行为，楞柏小姐不想再打我了，不知是谁写信叫我舅舅来。同时，表兄也遭了一顿责罚，我俩都同受了极严厉的处罚。

迄今回忆此事已有五十年之久了，我自然不会再怕受这同样的刑罚，但我仍要矢口否认我是有罪的，我根本没去折断梳齿，甚至连碰也未碰过，更没有走近炉子附近。有人问起这事的真相时，我只能说不明白，我所知道的只是我根本无罪罢了。

一个品格温和而怕羞，情感热烈而又桀骜不驯的儿童，他对于世事一无所知，他一直被温和正直所熏染，如今当头一棒受着冤屈，而且这冤屈又是他所最亲爱、最敬重的人所给予的。他的心绪、情感、智慧、道德方面，被搅乱得天翻地覆。你想此种矫正儿童的方法适当吗？至于我所受的委屈，至今犹有余痛呵。

我对于旁人的诬蔑、诋毁，虽还不曾介意过，但在内心，我还是觉得此种莫须有的罪名妄加在我身上，实在是太残酷了，心中的愤恨和失望却是最难忍受的，我的表兄也是处在相同的状况下。我俩睡在一起，互抱着身体不断地抽搐、啜泣，我俩脆弱的心有时也会把愤怒付诸口，甚至我们站起来不停地尽力喊着：刽子手，刽子手，刽子手。

※卢梭在《爱弥儿》中的"自然主义"教育观念，深深地影响了现代教育理论

我叙述到这儿，尚觉得愤张，在我心中此情此景是永远不会磨灭的，这第一次的委屈以及不公正已深深地烙印在我脑中，使我以后碰到此种事情，都会引起像第一回一样的反抗。这种反抗心理成为我的第二个品性了。我后来遇见世间那种种横暴的残酷情形，就仿佛是我亲身感受似的。因此我看到君主的暴虐，以及奸诈教士的行为时，就十分难过，有欲拔刀除之为快的想法。有时看见一只鸡、一头牛或一只狗，受着同类的欺侮时，我往往会气喘吁吁地用石块赶散它们。这虽是我的一种品性，但第一次所受的不公正的事件，将深印脑际永远纠结着而不能忘怀。

我儿童时期的恬静生活至此已告一段落。以后就不能再有这种真正的快乐了。我们事后也在楞柏家住了好长一段时间，虽然我们好像仍在天堂，但实际上已不是如此了。一切爱情、尊敬、亲近、信仰等等，已不能联系于师生之间了。我们无法像以前那样尊敬他们，而他们也已不能了解我们的心情。我们做了错事也不会像以前那样感到羞耻了，我们因此学会了掩饰、反抗以及做假等事情，也觉得游戏不是我们所想要的了。成长中所遇到的事已沾污我们纯洁的心地，也使

我们失去了天真。这乡村的风景，已不能使我们留恋了；好像它是充满荒芜寂寞的色彩，再也引不起我们的兴趣。我们自己都不愿再如此过着，就连大家对我们也有厌倦之意，于是我舅舅来把我们带回家，我和楞柏先生兄妹的别离倒也没有什么难分难舍的情景。

自离柏塞距今已有三十多年了，每当我回忆起那时许多的事情时，至今仍觉高兴。即使从中年到暮年，我儿童时代的回忆还是让我觉得很愉快。仿佛老景无多，不得不追取少年时的欢乐以自娱。那时虽有一些琐屑，但回味起来也是令人留恋的。我极想追忆那些过往的人、事、物：想着那些男女的仆役正在做着工作，忽有一只燕子从窗外飞入，一只青蝇停在我的手臂上；那房子的形式布置；楞柏先生的写字台旁边，挂着一幅皇帝的画像、一块寒暑表、一个大日历，满园的荒草芜径……一一都在我的眼前浮现着。我明晓得读者讨厌看这种琐屑的叙述，但我却有非说不可的冲动。还有种种遗闻轶事，至今想起来，犹觉生动有趣。但往事虽多，我只能说一桩以聊表心意。

如为读者提供欢娱，我必得先说楞柏小姐的一桩事。故事的开端，是她有一次在园后草地上滑了一跤，

让我觉得好笑，并使我以为如果从那果树上掉下来将会更可观，但因为我爱她如母亲般，假若有更进一步的伤害，不免替她担心了。

诸位读者也许会对我所说的那棵果树感到有兴趣，那么且听这个惨剧，你们或许会颤抖、悲伤呢！

在园门外边有一个土阜，是大家休息的地方，只可惜没有树荫，因此楞柏先生就亲手种了一棵胡桃树在那边。这棵树的种植典礼也没有什么好描述的，而我们这两个小孩就是它的司仪。当他们把泥堆在树根时，我和表哥手执着树干，嘴里唱起胜利之歌。为了浇水方便，就在树根周围弄了一个凹潭。

我想种一棵杨柳在高阜上，就像旗子般地竖立在旷野中。因此我们先折一段柳枝种在小阜上面，离那胡桃树约有八到十步的距离，并在树根四围弄了一个凹潭。最困难的是，水源很远而且他们也不允许我们去提水。我俩想尽办法，才得到一点水。浇了几天，它竟生了根，并且长出了叶子，我俩就时时去观察它，看它有多高，自以为不久就可以供我们休憩纳凉了，现在想来实在有点好笑。为了这棵树，我俩尽心尽力地整天忙着，也没有心情读书了。他们见了这个情形，以为我们在外边一定做了什么

坏事，后来就禁止我们向外边跑，而那棵树因为缺水，也就奄奄一息了，这叫我们如何不悲伤呀。因为它对我们很重要，所以我们就想出一个使这树不死的新法子，便是在地下挖掘一条暗沟，将灌溉胡桃树的水引到这边来。这个工作，是很麻烦吃力，起初没有什么成就，因为所掘的暗沟高低不平，以致水源不能流畅。而泥土受到水浸而松懈，以致塞住暗沟，入口处更是填塞着污物，结果完全失败。但我俩并不因此灰心。坚忍的努力是足以战胜艰巨的。我们深信暗沟与凹潭再掘深一点，水流便能通畅。于是又把许多盒子劈成小片，在暗沟旁

※ 胡桃树

砌成三角形的墙。在胡桃树的旁边再放些有小孔的薄片用以澄清泥沙。然后极细心地用黏土遮盖上面并将它踩踏结实。在一天内把一切事情完成后，我俩便耐心地等待，希望在灌溉胡桃树之时，可以稍分润一些给杨柳树。灌溉时候已到，楞柏先生仍如平时一样亲自来看管。我俩跟在他后边，极力躲在杨柳树后不让他看见，结果总算给蒙蔽过去了。

第一桶水浇下时，杨柳树凹池稍得一些水分，我俩便不禁狂喜叫喊，楞柏先生惊讶地回视了一眼。他正在惊喜他的胡桃树旁的泥土怎会这么松散还能吸收这样多的水量时，突然瞧见第二个凹潭，他不禁起疑。他晓得我们别有用心，立刻拿了一把锄头，把暗沟上的薄片一起挑了开来，口里喊着："一条水沟，一条水沟。"不到一刻，那些木片、暗沟、凹潭、杨柳树，一齐被破坏无余了。如此悲惨的蹂躏中，他还不停地喊着："一条水沟，一条水沟。"我俩的兴致被扫灭尽了。

大家必定会以为我们要受惩罚了吧，结果事后楞柏先生对我们也没说什么。隔了好久只听见他在他妹妹面前大笑。他的笑声好像发自极远的地方，我俩也就放心了，

但我们仍想在他处再种植别的树木呢。而我们在这次事件后，每每叫着"一条水沟，一条水沟"便觉得很自傲，因为我们曾建立了一条水沟的大工程呀。

我也觉得十分光荣。

这个故事和种植胡桃树的回忆，给我留下了非常深刻的印象。我在一七五四年到日内瓦时，就想到柏塞去看看那已有多年的胡桃树。我对它的回想也十分清楚，自身虽不能前往看看，心中却未曾忘记。我很想找个机会去看看它，如果我还能看见那胡桃树的话，我愿以我的眼泪去灌溉它。

之后在日内瓦舅舅家住了两三年，只是在等待人家来决定我的将来。舅舅想叫儿子学工业，因此

教他学习绘画和几何学等。我也跟着学习，其中唯有绘画最投合我的心。至于我的前途，他们当中有的主张学习钟表业，有的主张学法科。但我倒喜欢去做牧师，只因缺乏资财，无法供给学费。又以我年纪尚小，不必急于找固定的职业，所以我也就乐得在舅舅家过着安静的生活。

舅舅也和父亲一样贪图安逸，只是不如父亲肯尽责而已，所以我们的教育从此松懈一点。舅母是一个宗教中人，她一天到晚做祷告，不管束小孩，所以我们就更自由自在了。我和表兄二人相处日久，颇得欢洽之乐，也无暇和外边的顽童游玩。而且家里玩耍的东西很多，我们自制着鸟枹、哨、风筝、大鼓、小鼓、箭袋等。又将外公留下的东西，拆散后改造钟表。尤其叫我们高兴的，便是将白纸当作图画纸了，涂上各种的颜色，真是太有趣了。那时有到日内瓦来的一个意大利的卖艺人，我们去看过一次，以后就没有再去了。他有一些木头戏，我们照样仿造。他的木头人会扮演各种戏剧，我们也照样炮制，因为我们没有学过，所以很不像。有一天，舅舅在家，对我们说了一个宗教上的小演讲，我们也就跟着学习演说。这些事情自然不是

很有趣的，我和表兄二人亲密得不想结交别的同伴，看见别处有儿童成群，也不愿参加去玩。我俩很友爱，虽是不关紧要的事，但一经我们同做就会觉得意义无穷了。

我俩既形影不离，难免会引起别的小孩的注意了，又因我身材矮小，表兄极为高大，看上去极不相称，再加上他那消瘦的脸，熟苹果的脸色，懒散的神情和服装的随意，实在足使小孩子们惊奇。他常会口吟着"拍拉得拉"的一句土语，所以他们就给他一个绰号"拍拉得拉"。我俩出门，只听见满街的"拍拉得拉"的声音。他很能忍受，我却愤愤不平，想和他们动武，这恰好正中他们的心计。刚一交手我就被打败，表兄虽尽力帮助我，终因他太瘦弱了，一推就被推倒在地上，于是我更激愤，因此我被打次数也较多。实际上，他们的目的是在"拍拉得拉"。后来我们只好在他们去读书的时候，才敢出门了。

我如此地好打抱不平，就不能没有美人来旁衬。我常到雷地去看我父亲，那边的人都很敬爱他，也能爱及他的儿子。我在那边住了些时候，大受众人的眷爱。尤其是畏生太太最爱我了。并叫她的女儿做我的小情人呢，不过大家要知

道这只是一个十一岁的小孩跟一个二十二岁的女子玩耍而已。而我却是认真了。拿出诚心热肠待她。我爱她的热诚几乎快疯狂了，这不免令人觉得好笑。

我也曾尝过两种恋爱的滋味。她们虽都很热情，但情形却各有不同，和平常的友谊也不相同。我一生被这两种恋爱所纠缠着。我有时爱着畏生小姐，甚至不许旁人亲近她。但同时我也爱上一个名叫格冬的小姐，虽不很长久，但爱情却很热烈。格冬小姐不过偶尔来教我读书，跟我谈谈话罢了。但我却感到十分快乐，并使我明了男女交际的神秘情形。我不曾对畏生小姐谈及我和格冬小姐的情爱，犹如她有爱人而瞒着我一样。虽如此缄默，但始终给识破了，我们的恋情也就结束了。

那位格冬小姐可说是一位奇女子。她不是很美，却有一张动人的脸庞，使我如今还记忆深刻。她的那双秋波、身段和姿势，仿佛和她的年龄不相称。她有一种让人尊重的威严，这是她引起我爱她的原因。她有的是果敢，且又有深刻的心思，使人难以捉摸。但她对我，却不很严肃，她完全以对小孩子的方式来看待我。

我对这两位姑娘的爱情是不分上下的。但和其中的一个正谈得快乐时，我就会忘了另外一个的存在。她们在我眼里是稍有不同的，如果我得终身亲近畏生小姐，那我永不会厌弃她。亲近她时，我所得的是一种闲静愉快，并没有什么感动。我最喜欢和她同大家一起，好让旁人对我们开玩笑，甚至嫉妒我们，那我就愈觉得她的可爱，愈觉其味无穷。她如果拒绝别的男人的求爱时，我会更觉得自己有无限的光荣。我虽常受人家的欺凌，但我倒蛮喜欢如此的挫折。那些欢呼的拍手、鼓励、笑语的喧嚷，使我爱她的热度也同时加厚。在众人面前，我对她的爱愈增强，所得爱

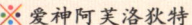
※ 爱神阿芙洛狄特

的成绩当然也加深。如果我俩独自私语，也许就没那么有趣，甚至会闷死人呢。真的，我想着她。她生病了，我会忧愁，愿意以自己之身来代替她，也祝她早日康复，因为我深觉生病的苦和健康的美。我一离开她，便会闷闷不乐。她对我用情之深，让我永难忘怀。我对她一向很谦恭有礼。她准许我做一切不逾矩的事，不过我要是见她对人家也如此，那我就无法容忍。我像亲姊妹般地敬爱她，但是我对她的妒忌，却又像一位情人。

我常幻想格冬小姐要是爱人家和我一样，那我就会气恼得无以复加，我觉得她的爱情是不可轻易给人的。为了得到她的爱，我亲吻着畏生小姐时，我会感动，但不会过度。不过当我的眼光一遇到格冬小姐时，我就无法自持了。我和畏生小姐厮熟却不至于浪漫，而格冬小姐则不然。如果我和她永相厮守，不知我会如何活着，恐怕连呼吸也不能呢。她俩发脾气时我都有点怕，但对畏生小姐的恼怒，我不会有什么反应；只有格冬小姐，她要怎样命令我，即使赴汤蹈火，我都会服从的。

我和格冬小姐的爱情时间很短，这可说是对双方都有益的。对畏生小姐，则因没那样的危险，

故相处较久，也不会有极大的不安。这是很值得玩味的。我和畏生小姐相爱虽不见热烈，可是严格说来，她的别离会使我伤心流泪。别离后，我对她的相思却与日俱增。此种离愁也是痛苦，我虽不必专为她一人而思念，但思念却从未消失过。我们互通情书以聊解相思，信中的情爱有如火一般的热烈。后来，我总算幸运地获得她的许可亲自来日内瓦看我。当她来时，我差不多快乐得要发疯了。当她回去时，我恨不得能跳下水跟她去，悲泣的声音，连天上都听得见呢。过了八天，她寄给我许多水果及手套，可恨的是那时我已听到她要嫁人的消息，而这次回来看我，只不过是为办嫁妆而来。我一时气愤，竟发誓不再见这个不贞的女人，用以惩罚她，她终究不会因此无疾而死的。过了二十年后，有一次，我去看父亲游日内瓦的湖时，看见那边游艇上的人儿，我问父亲那是谁。父亲微笑答着："怎么你内心没有她？这就是你以前的情人寇旦太太，也就是以前的畏生小姐呀。"我一听见她的名字，心里非常难过，立刻叫船夫转舵它处回去。我一想起这四十多岁的妇人，便勾起了二十年前的往事，好游反被旧情恼，真是一个眼前报应。

一七二八年

我还没想好将来要干什么，只好把光阴全消磨在无聊的事上。最后我被送到马伦先生那里学做律师书记，这事非常不顺我心。舅舅却希望我从此赚点钱回来，而我实在不高兴这种缺乏自尊心的事业。每天的零碎杂务弄得我头昏脑胀，枯燥和束缚的工作，叫我一天也不能过。而马伦先生呢，也似乎不欢迎我，有时还责备我懒惰、蠢笨。他对

※日内瓦随处都是风景

凯撒是罗马共和国末期杰出的军事统帅、政治家。公元前60年他与庞培、克拉苏秘密结成前三巨头同盟，随后出任高卢总督，花了8年时间征服了高卢全境（大约是现在的法国），还袭击了日耳曼和不列颠。公元前49年，他率军占领罗马，打败庞培，集大权于一身，实行独裁统治，并制定了儒略历。凯撒与同时代的西塞罗被后世并称为拉丁文学的两大文豪，他的代表作是《高卢战记》。

我说，我舅舅说我是一个聪明能干的孩子，哪知原来竟是如此无能的笨东西。后来因为我的不称职而被辞退了，马伦先生还对旁人说我最好去做一个粗人呢。

后来我又换一个职业，就是到一个雕刻家那里去做事。因助手工作做得不好常受人家的奚落，所以我对于新职业就不得不服从些，我的业师陀安先生是个性情暴戾的人，没多久就把我小孩子的精神和活泼的天性摧磨尽净了，使我完全变成一个艺徒的模样。我学过的拉丁文、历史等早已被丢到脑后了，我已不记得有什么

罗马人的事了。我的父亲也不像先前那样宠爱我了，当然女人们更不屑和我在一块了。我甚至怕再见楞柏先生和他妹妹，以免再遭羞辱。此种卑劣的意识加之不上进的志气，我不以为耻，根本不放在心上。以前的良好教育也不能阻止这时的恶习的熏陶，教育完全为环境所战胜了，少年有为的凯撒，也早已颓靡不振了。

这个雕刻的职业，我并不嫌弃它，因我嗜好绘画且用钢钻去刻画，也觉得有趣呢。这个刻画，只限于用钟表，所以手续极简单，我很希望它能成为极致的妙技。假使我的业师不很暴戾和压迫过度，这个期望也许可以达到。有时我在空闲时，做了几个给我朋友留作纪念的骑士徽章，他们一见了，以为我做坏事并造假币，便狠狠打我一顿。什么叫银币，当时的我完全不懂。我只知道古罗马钱币的形状，至于目前的通用货币，它形式如何，却完全没见过呢。

如此重重地压迫，促使我厌弃我所喜欢做的工作，反而我所讨厌的恶习像说谎、懒惰以及偷窃等坏事倒常犯。我这时才了解以前那些变迁和此刻劣根性所生的结果是完全不同的。本来就怯懦和怕羞，至此更无动弹的自由了。以前在家时非常活泼，在楞柏先生那里也极

为自由，在舅舅那边也很谨慎，在业师店里却惊怖万分，甚至连小孩们的思想全无了。以前我的生活是极舒服的，予取予求，无不随心所欲。如今是有话难诉，食物不饱，才捧起碗就要离开饭桌了。我似乎已被人遗忘，没人关心我的生死。一切欢欣与幸福，都成过往云烟了。一些机敏的谈话，而今也不知去向了。我记得有一件好笑的事。父亲在家时，因我太顽皮，父亲竟罚我一晚不准吃东西，当我经过厨房时，手里拿着一块面包，见那烤肉正在炉上，大家围在炉旁，我一面对他们行礼，一面偷看那色香味俱全的烤肉，不觉放声长叹"再见呀，烤肉呀"。这个滑稽的插曲，大家不觉为之哄堂大笑了，就准我加入晚餐。今在业师处，虽我有如此机敏，恐怕也无法表现啊。

我无法对当前的生活心怀希望，于是我就慢慢学会隐藏、欺瞒、说谎等恶德了，而且也成为后来常向我侵袭的恶魔呢。凡此都是理所必然的，也不仅我一人而已，所有那些佣人们没有不欺瞒和自私的，习工艺之学徒自亦不能例外。

小孩子的堕落大多是因为没有好好教导，我在业师家一年多，受饥饿却没有窃取一点食物，有过一次偷窃行为，也是为了别人，但之后的行为则完全受这次的影响。

有一个业师的朋友，叫作威拉先生的，他和师父家互为邻居。他因为没钱用，就起意去偷窃师父家园中所种的龙须菜，准备拿去卖掉，好弄得一顿饭吃。他自己不愿冒这个险，因此他就叫我去代他做。起初我不答应，但经他的好言诱劝后，我答应了。每天早晨我偷了一些新鲜的龙须菜，便拿到菜市场去卖，因为这是不正当得来的，所以卖的价钱极低贱。我卖了后，把钱给威拉。他就请朋友吃一顿，我也得到几块面包算是报酬。他的酒我是不敢去喝一口的。

如此一连好几天，我诚恳地

※龙须菜

效忠于他，无非想得到他的欢心而已。假使我被人捉入牢中，我不知将如何地被打骂，而这主使者，必定会将所有的过错推到我头上，我就不免要罪上加罪了。他是业师的朋友，而我只是学徒，怎敢去和他辩驳呢。无辜的弱者总是牺牲品，而强横者总是占便宜的。

这次的经验，让我觉得偷窃不算是十分可怕的事。因而更使我坚信我所要求的东西，可因我需要而取得。我在业师家原不算饥腹，却因见了人家的好吃好用，而勾起我的贪念和非分之想。那做贼的坏勾当，也就从此养成了。我记得大半是完全成功的，也有时因惊慌而没有好结果的。

有一回却使我又好笑又痛心，那便是因偷苹果失败而搞砸了的那件事。苹果藏在饮食房里，那房子有一扇开启的窗子封着。有一天趁着家中没人时，我就悄悄站在面包箱上，用铁钩向窗里勾取那个美味的果实，钩了好久没有得到，因为窗缝太小取不出。我只好先把铁钩摆在一边，再用一把长刀把苹果剖成两半，再用薄板去盛住。不料钢刀一落下，两半的苹果就同时落在饮食房的地上了。同情我的读者，也许会替我伤心吧。

我自然不会因此失败而气馁，可是再去恐怕时间耽搁太久，会被人看破，就想等待明天再去。我立即勤于工作，却没有想到饮食堂地上的那两块苹果，成了我做贼的铁证。

第二天，机会一到，我再如法炮制。又登上台子，正用铁钩去钩取时，不知哪个死东西还没睡着呢，那饮食堂的门忽然打开了，业师从里面走出来了，两手拱着向我说："本事不错呀……"结果大大受到一顿惨打。

我如此地受虐待，后来也慢慢地不以为意了。但我既已偷窃过一回，我就企图再试试看。我不管怎样地受打，我只预备日后的报复。他既视我为盗贼，那我也如他的意去做盗贼。偷窃和毒打原是相关的东西，偷他挨打也是事所必然。我做贼的本领更加精明了。我常自问着："到底如何呢？打吧，那么我就再硬着头皮好了。"

我是好吃的，却没有一定的目标。我是一个贪食者，但不至于过度。因还有别的嗜好，比吃还更重要呢。当我无聊时，我就吃东西，但我心常有所系念，所以对于口福也就马马虎虎了。这就可以解释我后来把偷窃食物的念头移向别种举动的理由了。所幸我并不是真正的盗贼，我从不曾偷过钱。我业师有一只皮箱，平时锁得很严密。但我

※虽然日后游历了其他国家，并最终加入法国籍，但对于见证自己童年的故乡——日内瓦，卢梭还是深深地怀念着。图为日内瓦的卢梭塑像

能够把它打开、关闭而不会留下痕迹。我偷那些他最爱的器具、画图和印章，都是他不愿给我使用的，我却常想取来做练习的。我得到这些时是很欢喜，觉得我既取得好工具，那么这些工具的好技艺也全被我所学得了。但在皮箱的一边藏有金银、首饰和钱币，我却不取一点，因为我袋内有四五个铜板，已觉得很有钱了，那些东西简直使我害怕呢。当然，我不敢偷取金钱，是因为我晓得这是极不道德的行为，也许还要坐牢呢。金钱我是不敢非分妄想的。但是一张画纸，在我看来，却比金钱还要更可贵。这是我的怪癖之一。

我是个感情很热烈的人。当激动时，往往不能自制。此时，我既不知温和谦虚、礼貌、恐惧、善意等是何物，更不知骄傲、抵抗、横暴、刚愎来自何处。羞耻既不能压制我的进行，危险也难使我害怕。一切的事情，全置之度外，我只是注视于一处而已，但事后，我又不以为意了。当我安静时，我是非常恐惧和羞怯的。一只青蝇飞过，我也害怕；一句话、一件事我都会有些恐惧和怕羞。我宁愿受人讥笑，却不愿在人们面前被剖析。在工作时，我一心一意地做事；说话时，我一心一意地说话；但如有人注视我，那我会缄默不作声。恼怒时，我会无所不说；在平常的会见中，我却一句话也不会说；人如果要强我所难，对我而言，简直是受了一次重责。

我最喜欢的事物，是在它们的本身，而非由金钱所能获得的。我要的是纯粹的快乐，所以视金钱一文不值。例如饮食，我不愿在人多的宴会中或在酒店内吃喝，我所要的只是雅静地与二三知己小酌。至于一个人独乐，我也不赞成，如果真的孤独无聊，我就想到别的事上，绝不会想到食欲方面的。如果热情冲动，我就需要女人，但我所要的是爱情而不是形式。以金钱换来的女人，我同样地讨厌她，我绝不相信此种女人会给我愉快。凡某种快乐如要金钱去换，我都觉得兴味索然。我所需要的，是在我一人对于此事的单纯享用。

金钱之所以为物，原在致用，但是我则觉得金钱并不便利。它的本身在我看来等于零，若将它兑换了，才显出它的利益；然而拿它去买东西，去讲价钱，就会受骗，花了钱却仍不得其利。我需要的本是

很好的东西，如用钱去买，就不免有好物变坏的情形了。买了一个新鲜的鸡蛋，其实是坏的；买好的水果，结果是生的；就说女人吧，以钱去买的总是一些贱货；我爱美酒，什么地方去买呢？酒店里的酒都是有害的。我有钱请客，更是麻烦极了，不是要先去函约定，就是吩咐佣人去请且又要等候，有时事情还得不到好结果。钱这种东西，真是无益且费精神，我连饮酒也不愿了。

我在做学徒后，常到街上去购物，可是总不得好东西吃。那些店内的妇女见我，老是在讥笑我的贪玩。经过水果店，看见有好梨子，嗅到香味，却有几个恶少在注意着我；又好像有熟人在店门前；远远

※对于金钱，卢梭有其独到的见解

又仿佛见有女子，我怀疑她是人家的女佣。因这种种的麻烦都使我的兴致大减。实际上自己近视，往往看见人就以为是相识的；以为到处有熟人，到处都不敢放松。欲望和怕羞转移了我的意志，回到家时像一个呆子，不过望屋门而大叹，钱在袋中而一物不得。无论如何，要叫我自己花钱或托人代用，都觉得麻烦、无味、枯燥、怕羞、讨厌、不便等，使我兴趣索然。

看了这些就能了解我的矛盾，我愈轻视金钱，也就愈加吝啬了。我觉得金钱仿佛是一种不方便的器具：没有它时，我想要它；当有其时，我又不知如何使用，只好留心保存着。假使遇到适意或有机会时，我便浪掷了。我并非故意吝啬的，也非专于粉饰外表。我花钱是无意中花的，以个人的舒服为前提，不是为别人的。我自己不会花钱，所以不以有钱为荣，而以用它为可耻。我敢说我如有家产，一定不会吝惜的，我会把所获得的利息，全花用掉。只因我无恒产，不免有所顾忌。我爱自由，讨厌束缚、苦恼和奴隶。钱袋满满时，我是如此神气，也不用去求别的生活保障了。因怕一旦用完而失去自由，我用钱极为节约。我明白金钱是自由和独立的恩物，人们追求它却成了它的奴隶。我有钱所以不肯轻易花用，却也不是吝啬。

不花金钱，实是惰性之故，我觉得有它的快乐还不及我去求它时的苦恼。我不爱钱实是懒惰，因我不善于花钱呀。我爱钱远不如爱物，因钱和物之间，还有一种麻烦。对于物的使用，却无别的障碍了。我看见可爱的东西，就痴想，如需要想尽方法才能得到它，那我就不会去想了。有时，遇到一件不高贵的东西，我也想去占为己有。虽然如此卑贱，但是不论怎样，不会随便拿人钱财，只有一次偷了七法郎和十个小铜币。这事且放下面再提，我自己会做出这样无耻的事，至今想起，这真难为情呢。

知识链接

矛盾是在两个或更多陈述、想法或行动之间的不一致。汉语辞源出自《韩非子》中《难一》中的故事。在逻辑中，矛盾被更加特殊化地定义为同时断言一个陈述和它的否定。在口语和辩证法中，矛盾有着同形式逻辑中完全不同的意义。辩证法上指客观事物和人类思维内部，各个对立面之间互相依赖又互相排斥的关系。

有一天下午五点钟到巴黎，我和勿郎格先生坐在皇家旅社闲谈时，他提议说："到戏院去吧。"我欣然赞同。他买了两张票，给我一张，从戏院门口进去。那时人多不易进去，我怕落在后面，我又想勿郎格先生也许以为我失落了，就独自出来，将票换回了票价，绝没想及我失信了。这回事，虽不能算是偷窃，但在情理上实在太失礼了。本已失信，卑鄙的行为却更是不可赦的。

我做学徒的怪僻行为很多，我也不必再去多说。总之，我有时会比伟人还高贵，有时却卑鄙得连小人都不如，虽然我并不是有心为恶的。有时店中伙伴在玩耍时，我讨厌他；当工作很多时，我对于事情又觉麻烦。因此又勾起我久已忘记的读书兴趣。这个兴趣在这种环境下，固然不能顺利地进行，但因压迫愈甚而使我的兴趣也愈高。脱尔皮是当时有名的书店，可供借阅。书不论好坏，抓着便看。在工作时，在送货当中，甚至在大小便时，我都手不释卷。除了书卷外，我甚至忘了时间。业师恫责我，恐吓我，甚至将书撕破、丢了、烧了。事后他不会赔偿我，我只有把

※现今繁华的巴黎

自己的衣服送给借书社当作赔偿损失。每周店里给我的三个铜元津贴也全归还赔偿去了。

说到这儿，大家又必说钱的可贵了。是的，不过这是在我读书的渴望已达顶点，我脑中只有读书一件事，一切卑陋行为皆不去做了。这也是我的怪行为。当时在我心中想的只是把抽屉内所藏的书一气看完。一见无人，我就拿出来看，我也就不再去和业师的皮箱作祟了。先前偷它的这事也不觉忘了。我只是注意眼前而不是未来。以至借书社借我书时，只得暂时记账，我只求有书看，欠钱的部分只好先搁下。这时我的钱，差不多全给借书社所吸收了，等到不能还账时，我才会去偷窃东西作偿债之用。偷钱去看书，这事未免也太唐突了。

经过了挨骂、受打，和被坏书的影响，我逐渐成为一个缄默、野蛮的人，思想也逐渐有了变动，几乎成为一个狰狞的粗汉。我虽为不良的书所害，但淫亵的书，却未入我眼帘。借书社的老板娘只求有利，当然愿意借给我这种书，但当她说起时，又故意夸大说着"价格当然昂贵些"，我对此不免有了厌憎和羞怯之感，也就不想看了。所以我在三十岁前没有看过这种坏书，我所看见的书大多是正经的、纯洁的，妇女看见也不会难为情的好书。

不到一年，借书社的书籍差不多都被我看完，我渐渐地感到无书可看之苦了。这些书纠正了我很多的幼稚与不良的习性，同时也陶冶了我的情操，让我觉得此时的环境和我并不适宜，有一种无人能够了解我心情的悲哀。我的性欲早已产生，不过事实上我还什么都不懂。我对女性也不是那样看得重，在如此情况之下，全赖想象来解救我并压抑我肉欲的滋长。我只有从书卷中去获得美人的解慰。这些想象，使我很愉快，并且能以此解除目前的悲愁。我既然在理想的人物中混日子，对于现实中厌恶的人物，倒不愿与之交际了。因此渐渐养成孤独的个性，大家只见我后来是如何恨世界和怎样的颓废，殊不知我的内心是过于热爱一切，怜惜一切，以致事与愿违，不得不借此空想聊以自慰。如今所记不过是此事初次的倾向，无非是使人晓得我情绪的变化，和我的懒于入世、好于妄想而已。

我在十六岁时，对一切皆感到不满，甚而觉得我的一生是无意义、无情趣的，有时无端地悲伤，有时不觉地又哭了。星期日，朋友们找我去游玩，我本无意参加，但自加入他们的队伍后，我又比他们更放肆了。当我们到城外旅游时，我只是一直向前走而不想回来，别人也不明白我的意思。我前两次回来时，都在城门关闭之前。可是在第三次时，我虽依时赶回，但那个卫兵迷托立又如平常那样在规定时刻的前半小时内关门。我在半路听到关城门的号角，我和两个同学加快脚步，甚至跑步。气喘如牛的我一面叫、一面跑，可是已来不及了，只见卫兵已把城门关闭了。相差不过二十步远而已，我看吊桥已升起，角声凄厉，我的命运也就如同这角声一样的不祥了。

出了如此的意外，我不自觉地倒在斜坡边上，着急得打滚。那同行的二人，正在想象着郊外宿夜的乐趣，而我却计划着再不入城到业师那边去了。第二天早晨，城门开后，他们就进城去，我对他们说了声再见，他们暗地和我表兄联络一下，希望他能在约定的地方与我相见一次。

自从去做学徒后，我和表兄

※《思想者》：十六岁的卢梭开始思考人生

就不常见面，在星期日虽碰到，但因各人职业和习惯的不同，不免有点隔阂了。我想他的这种行动是他的母亲怂恿的，她以为儿子是体面人，而我不过是一个卑贱的学徒，以为和我交往，不免辱没了他的身份。我的表兄品性本是好的，他的母亲虽有种种阻挠，但他有时仍依自己的意志去做。他一听到消息，立刻如约而来。他来时并给我一些盘缠，以壮我的行色，此时我确是囊空如洗呢。他的赠品中有一把小刀是我十分喜爱的，我一直带到杜耳，但后来因为别的原因，没一直带在身上。我那时想到此事，更了解到他是受母亲的指使，我的舅舅也许在内，因为他不会那样漠然无衷，既不曾阻挠我的离去，又不来送我一程，而且还积极地赞同我这样做呢。我俩分手时，他也没有悲伤之色，从此以后我们就不再通信和见面。这是我所感到遗憾的，他本有好的品性，我们也一向很相爱，但最后却落得如此，怎能不令人伤感呢。

于此我尚有几句话要说。假使我遇见一个好业师的话，那么我的不幸绝不会如此的。尤其当我在日内瓦学雕刻的时期，虽然这种职业是最没出息的，但我也不至于另有企图。我虽不曾有过什么大野心，

也绝不至于自卑自贱，因为我有的是丰富的梦想，不管我所寄托的是什么方面，只要有所寄托，我也就能心安理得，不会再心有旁骛，而漂泊无所归宿了。那最能给我快乐的是一个简单的事业，一个安静而不惹麻烦的职业，这便是和我品格最投合的雕刻业了。我在当中得到了精神上的自由，并将和我的个性相结合，我在那边必然是一个好基督信徒、好公民、好父亲、好朋友、好家长、好工人，不论在任何方面都成了好人。我将爱我的职业，并使别人来尊敬我的生活。虽然世人都是一丘之貉，但在平等和温和之下使我安静地死去。自然而然，世人不久就会将我遗忘了。

知识链接

　　基督徒的希腊文意思是"基督的人"，出自圣经，在新约圣经里出现过三次，在安提阿耶稣基督的追随者被首次称为"基督徒"。在彼得前书里，彼得把基督徒与受苦连在一起，也指出基督徒受苦，不是羞耻，而是荣耀神的事。《韦氏词典》给基督徒的定义是"一个信奉耶稣为基督或信仰耶稣教义的人"。

离家的艰辛

关于这次的出走，我是又愁又喜的。如此年少就离乡背井，远离父母，无可依靠又缺资金；中途又丢了职业，将靠什么维生，当前一切的艰难何以解脱；年轻人见识浅随时都可能堕落；一切不道德、妄想、贪婪，当前的诱惑必使我不能把持自己。但另外又想到别种情景，另有一个世界，它能给我自由自主的权利。我相信我是可以独立的，我想做什么都会成功的，只要我一发展，就会平安地升腾的。只要有才能，我想到处都有山珍海味，以及一切的奇遇，和一些好友的帮忙、一些情人的欢迎。能够如此，就是我自己要另辟天地，才可以支配一切，进而亲切地获得社会接纳。在整个世界中，我只愿有一个亲切的小社会，它就可免除我的苦恼。我只求在一个小区域内能够自主，为贵族或太太们所宠爱，成为姑娘们的情人，并成为她兄弟的朋友以及邻居的拥护者。我只要这些并无他求了。

为达到这个小小的希求，我漂泊于日内瓦附近的相识农家中，在那边我受到相当的礼遇，这是城市人所万万没有的，他们供我衣食而且态度十分亲切、诚恳，绝不像那些富人施舍穷人那样傲慢。

我往来奔走，到了孔非村，离日内瓦只有四五里之远。这里的牧师朋得先生，他的先人曾有功于国家，我闻名而去拜见他，他很周到地招待我。

※ 日内瓦乡村风光

他先谈到日内瓦的异教，以及罗马的势力消长，并请我吃晚饭。他的看法虽然没什么价值，但饮食的精美，却是不易多得的。他的盛馔暂止了我的好谈，他的琥珀佳酿非常名贵。席间他劝我改教，我只一边谦让，一边大喝，也没辩驳什么。人们也许以为我是谄媚虚伪的，其实这也是年轻人应有的一种品德。朋得先生待我如此好，并希望我接受他的一切，我想他必以为我是一个高尚卓绝的人，才会对我如此重视和款待。这使我非常感激他，他的好意是不该被直接拒绝的，但我也不会轻易改变我的宗教观念。但人家对我好意时，我是不好违拂的。我如此的矛盾，犹如那贞妇，对于爱人的要求，总是半推半就的，如此双方的面子才能顾到。

由一切理智、同情和伦理观念的驱使，此时的我如此离乡飘荡，就该有人来劝我回去，这是道德家们所应当作的。朋得先生虽是慈悲人，但他却不是个道德家。他只不过是一个宗教的虔信者，他看重礼拜念经，及只求做个反抗日内瓦的牧师。所以他并未劝我回家却希望我跑到远处去。我如此忧愁前途，与他毫无关系，他只是求我脱离新教去皈依旧教。这种心理不仅基督教徒如此，一切宗教大抵皆如此。

我最怕交际，在外边漂泊，又不能不去认识一些人，于是他替我写了一封介绍信，叫我去见华伦太太，可以得到她的资助。于是我

　　牧师是一种职业，是在一般基督新教的教会中专职负责带领及照顾其他基督徒的人。圣经原文是牧羊人之意。牧师是基督新教的圣品人，与天主教中神父的不同在于，牧师可以结婚，女性亦可以成为牧师。在三级圣品制里，牧师上一级是主教，下一级是会吏。

拿着他的信去拜见她。我很不愿意去接受一个慈善者的施舍，尤其是一个妇女，我实在不喜欢。我虽不愿意，但朋得先生的敦促和饥饿的胁迫，让我顾不了那么多了，于是我决定到恩南去。本来只有一天的路程，我却走了三天。路上每看见一所华厦，我总徘徊其下，冀有所遇。我的怯懦使我不敢径进其内，只能在门外窗下，弹奏着我的美妙歌曲。但使我失望的是，竟没有一位太太或者小姐来鉴赏。

　　不久到达了目的地，我见了华伦太太。当时我才十六岁，虽不很漂亮，但我有一个细小身躯、适中的脚、黑的眉毛和头发，眉清目秀，又极伶俐，全身充满着热血。我还有一种羞怯感和能令人垂爱的气质。我虽聪明，但因对世故人情均多未谙，后来虽稍有经验，面对别人还是会觉得有点腼腆。

　　因此我自己写了一封很长的信，用了许多的成语，无非要求华伦太太对我能发点慈悲。在信中又附上朋得先生的介绍信。但我去拜见她时，她不在家，听说是往教堂去了。那天恰是一七二八年的复活节，我就赶去见她。

　　我走到一座房屋前，房屋的后面是一个弄堂，右边有一小溪，溪边有一座花园；左边是围墙，那里有一扇假门，要经过这门才能进入教堂。当我走进这门时，华伦太太已听见我的声音而回头了，这一看使我十分诧异。我先前想的也必是一个难看的老太太，却不料她满脸风光，有一双温柔且蓝色的眼睛、动人的身段、婉转清亮的声音。我的心竟被这一切打动了，我立刻变得很顺依她了。宗教少不了教士的传道及引入天堂的说话。她微笑着接过由我颤抖的手所递给她的信，她稍稍看了朋友的信，便注意到我了。仔细看完后，那时如没有她的佣人催她去做礼拜的话，也许她还会再看一遍呢。她对我说：“唉，小孩子。你如此年轻就到处漂泊，真是可惜呀！”她不等待我回答，就继续说道：“到我家去等我吧。

叫他们给你弄点饭吃，等祈祷完毕后，我再回来和你谈谈。"我听了她的话后，受宠若惊地抖起来了。

华伦太太名叫路易丝·安娜，是术里城贵族家的小姐。她在年轻时便和华伦先生结婚了。婚后并未生产也很不快乐，为了家庭的纠葛，她离开了丈夫、家庭和国家，独自跑到瑞士湖来，投靠当地维多王，皈依旧教。她和我有着相同的背景，她有时会坠伤心之泪，维多王因她热心天主教，于是赞助她并且每年给她一千五百元的费用，他如此慷慨资助她这一大笔的费用，别人难免会怀疑他对她有爱恋。维多王为摆脱这个谣言，就派兵护送她到恩南来。在日内瓦监教的监督下，她便正式在修道院内宣誓入教了。

我到这里时，她已住了六年。这时她才二十八岁呢，在如此年纪中，妇女的美不仅只有外貌，而且还有着一些品性之美呢。她那温柔的眼神，仙女般的微笑，小得和我一样的嘴，灰色头发挽成一个云鬓，更显妩媚动人；娇小玲珑的体格，腰围稍丰满一点，但也不怎么难看；她还有一颗美丽的头颅、美丽的胸脯以及一双皓腕玉臂。

她所受的教育很复杂，和我一样。自坠地时母亲便死了，全由乳母抚养。她的教育一半由她父亲，一半由教师负责，但最多的还是得自请人，尤其是那个叫作台卫先生的为最多，他专教她一些零星的知识。各种不同的教导，结果糅杂混

※ 布格罗作品《比芭莉丝》

乱、互相冲突反而不能得到一些好效果。她虽懂得一点哲学和物理，但总带点父亲的迂腐气味；因她曾做过假药，所以江湖人物利用她的弱点来攻击她，把她的精神、财力和美丽全埋没了。

那些卑谄者故意施予她不良的教育，并乘机诈骗，使她的理智失去了自主。只有她那温柔和慈爱的性格，始终没变。她虽受尽了污辱、诬害和痛苦，但她美丽的天性却一直到死未曾改变。

她的缺点，就像是源于一种无限的活动力般的。她并没有什么企图，无非只想借着努力去开创事业，所以她生来可说是干大事的人。如果那时当权的龙各夫人换成她的话，那成就会相差很远。她如果大权在握，便能措施尽善、政治清明了。可惜她才大而位卑，无法一展身手，她凡遇一事必仔细计划，把它弄到极大的范围。她理论上的构思比实行的能力大得多，因此事情难免缺乏实力而失败。她自己损失当然甚大，她在修道院中不能有所作为，且她的教堂生活，也难慰藉她的活动心情，不过她却对所信的宗教十分热诚。不论她改教的理由是否正确，但只要有信心，她便信之极笃。她虽后悔改教的谬误，但既然已信了也就听之。她不

但是一个忠实的天主教信徒，而且从此永在这个信仰中。她心中唯一的厌恶，就属那些伪善的行为，所以她虽看去不像是虔心于宗教的人，但她却有坚强的信心。

那些否认心理感应的人问我，见到她之后，虽只听她一句话，只见她一眼，怎会对她有那样深刻的感动呢？如果说是一见钟情的话，那么古往今来绝少有这种的例子。何以这样的爱会使我恬静、诚恳、愉快、镇定，而把持到那个样子？何以我初次见到如此和悦、谦恭、体面的女子，且她的地位又比我高而我却没有任何的谄誉？怎么我会一见到她后，就决定我要得到她？为何我当时不会羞涩、束缚和怯懦呢？生平就怕和人交际，而只是初次见面的人，我怎么会一见到她就会很自在地表现出我的内心，如同久居的一般亲密呢？若说是爱情，为何会没有妒忌和挂念呢？这是一件难懂的事情，不知我是否真的爱她。我所明白的，只是我和她之间有一种很稀有的感情。

第一次相见，她便留我用餐，在这餐中我第一次觉得食而不知其味。她的女佣也说像我这样年龄，这样瘦弱的身体，怎么会吃得如此少。她觉得很诧异。这次餐会一共六人，只有那个同桌的臃肿大汉觉

得这句话意味深长。我此时的心，已完全另有所属了，区区的食欲有什么好去计较呢。

华伦太太想先明白我一生的经历，于是我就把在业师那里的那些愤慨对她重述一遍。这回我的谈话非常自然妥帖，真是出乎我的意料。她很同情怜悯我的遭遇，不时流露出对我的关心，于是她不敢劝我回到日内瓦。从立场来看，对于天主教她已是违背教条的了，所以她说话时极有分寸。她用一种极感人的语调，认为我父亲会担心我的失踪，暗中提示我最好回去安慰他。但她言词中时时有许多非她所应说的话。后来，她见我坚决不回去，就更加用心思去说服我，她所说的话使我十分心服，同时我自己也觉得她对我的爱怜难舍难分。我想回日内瓦去，却仿佛中间有一座墙隔着而无法行动。所以我还是在她身边，不想走了，但我待在这里，对她不见得有利，怎能逗留在她身边呢。最后她很同情地对我说："可怜的孩子，上帝叫你到什么地方去你就去吧，当你年纪大时，也许会想起我说的话。"

少年流落在外，困难问题是很多的，而怎样过日子是当前的首要问题。我学的是雕刻画，职业当然不能换饭吃，而且这个地方又很贫困，这个职业更不会受人光顾。那同桌的胖汉停止吃饭后，忽然说出一个完美的计划，他说我最好到教堂所办的救济院去要求援助，如此一来对肉体和精神两方面都很有益。只要一到那边，事业也许就会跟着来了，至于盘缠，华伦太太会叫那位男爵主教太太帮忙。他一边说着，一边看着盘中食物，似乎很殷勤，却又似漠然的样子。

而我呢，有求于人家，心里难免不快，心中虽闷闷不乐却也没说什么。华伦太太也没有十分肯定有把握，须等她问过大主教后才能确定。可是那个汉子却以为有利可图，便立刻去进行了。等到华伦太太回来时，一切都已弄好，盘缠也已筹措好了。她当然不好意思再挽留我，因为像我

这个年龄的少年，理论上是不该在一个女人身旁的。

我的旅行就靠各位的帮忙，我当然很感激，而且自己也乐得服从。虽然到恩南比到日内瓦还远些，不过都是首都，交通极便利，而且这次的出游完全是华伦太太所促成的，她的教导，虽相隔很远却无异于比邻。再者这次伟大旅行和我当初环游的愿望十分吻合，独自庆幸着像我这年纪能登上耳布山，实在足以傲视侪辈呢。而且就游历这事，在日内瓦人看来，简直是了不得的伟业，所以这次旅行我十分高兴。那胖汉同妻子，也在两天内出发，华伦太太就把我托付给他，要我听他的指导；我的钱也交给他们保管，但私下又另给我一些钱，并吩咐了几句话，于是我们就在星期三出发了。

在我出发的第二日，我父亲和朋友李舌先生不知怎么的也赶来了。李舌也是一个很有天分的钟表匠，他作的诗比莫脱女诗人还好。他也是个很公正的人，不过他的文学底子不够深厚，他所做的只能让他的后代子孙承认他是一个喜剧家而已。

这两位先生会见了华伦太太，他们不禁替我的命运担心。但我心意已决，他们怎样要求我回去都是无

知识链接

"总主教"在新教称"大主教"，是基督宗教中等级较高的圣职人员。"大主教"，是基督教某些派别的神职人员的一种头衔。在天主教和英国圣公会（新教的一派）是管理一个大教区的主教，领导区内各个主教。

效的。此种情形正如我舅舅以前曾到肯菲找我，哪知我已由恩南折回日内瓦如出一辙，我的亲戚好像促成了我漂泊的命运。以前我哥哥失踪，也正是同样的谬误，至于后来他的情形如何，竟杳如黄鹤了。我父亲是个要面子又肯负责的人，也是个体面有容的人，且又乐善好施。换言之，是个好父亲，尤其对我爱到无以复加。自从和我分开后，他就被别的兴趣所转移，所以爱我之心也不免减少一些。他后来在当地再娶了新妇。这位妇人虽已老，且不能生男育女，但她尚有父母自成一个家庭，我父亲就负担起双方家庭的赡养和各种的麻烦，对我的亲情自然就减去了些。我父亲年老了，他没有什么产业可自娱老境。我和哥哥还有点母亲的遗产，当我们出游后，其利息就归我父亲收用，这些

※日内瓦城市景观

虽不会影响他作为父亲应用的观念，但这点利息终是影响了他对我们的关心。如没有此种关系，他对我也许还会慈爱些呢。我想理由就是他们不该赶到恩南去。所以，我之后几次去看望他时，总觉得他对我虽还很慈爱，然而已不如以前那样真挚了。

因父亲的慈爱且有德行的行为，常令我自我反省，这让我得到一个道德上的教训，那就是在日常习惯上，不可以因利益的关系，而不顾我们的责任，和在别人患难时，会激起我们的天良，很快又因为时间的原因又让这种感受淡化。

在我内心深深地印着这种教训，而尽显不让这天良本性离我而去，实际上也常见诸实行。于是在大众当中，尤其朋友们不免会大惊小怪，他们怀疑我想养成古怪的品性，故意标新立异。其实，我既不想和别人相同，也不想标新立异。我只是一心向善，我十分反对害人利己的心理，虽然利益潜藏在我的内心深处，然而那对象却已遭受到损害了。

两年之前，英爵士马塞把我的名字记在遗嘱上，想给我一些遗产，我当时极力反对，并写信对他说，不管什么遗产，尤其是他的，我绝不愿继承。他后来写信给我，说他只是要给

我终身年金罢了，所以我就没有再反对了。大家却说我是选择较有利的方式，这也许是吧，不过我的资助人和我的父亲呵，如果我不幸地跟着你们生存，一旦你们发生了什么不幸，我就会完全没希望了。

这个教训是我领悟出来的顶好哲理，也是人人所欲言的。时间过得愈久，我愈能参透其中的奥妙，我曾用各种方法将这事描写在以前的著述中，可惜读者并没有留心而忽略了。如果看过我的《爱弥儿》，就可看到一个教训，以此做一个极显明的例子，希望读者能稍稍留意这些。这些回忆对于我这样的旅人来说已经够了，如今也该进行我的行程了。

我这次的旅行，并不怎么的艰困。那个胖汉的面目看惯了，也并不怎么可憎，他是个中年人，他灰白的一绺头发垂在脑后，极像一个水兵，其声音粗笨却极豪爽，当然也会走路，也很会吃，他无事不能，但没有一样精通的。他建议在恩南设立什么工厂，而华伦太太也从旁赞助，但没经过国务人员的同意。他有一种吹嘘教士的才能，常混入教堂去，似一个传教士般的；他也能够念一点拉丁文的《圣经》，但每天总是这几句，不知者还当他是懂得很多似的。他滑头极

了，只晓得别人有钱时，他就不愁没钱花了。

他的妻子塞白夫人，也是一个好妇人，在白天比夜里安静得多。例如我在他们房中睡，他们那些不眠的嘈杂声音常常吵醒我，我如果知道其中的原因，那我必定不会睡着的。我对此事真是迟钝，后来随着见识和教导，稍稍明白一点。

我在旅行期内和这个信徒以及他的乐天朋友同行，一路上我非常快活，一点也不辛苦，可算是平生最有趣的记忆了。我在青年健壮的时代，自信的时间虽短，但平生极难得的良机就在身边，况且大自然的美丽又随时收入到我的眼帘。因此我虽到处流浪倒不觉得心灵与梦想漂泊不定。我觉得自己是华伦太太的门人、学生、朋友，也可说是她的情人。她对我殷勤、亲密的感情，以及对我的关切，她的温柔简直让我销魂，让我对于自身的前途既不恐惧也没怀疑。这种记忆愈回想愈甜蜜，我只要到都灵就可以找到我生存的地方，生活上绝不用烦心，自有别人照应。脑中充满一切精神和物质上的愉快，因此我行路加倍地迅速，看去很轻松似的。一切希望全在内心计划着。我所见到的事物，就像对我微笑一样。看到那乡村，看见那绿野牧场，就想

到其中必有快乐的游戏；那潺潺的清流，可以沐浴，可以散步，可以钓鱼；想到那树上的果实垂在树荫下，想到有情人在那儿细语说爱。在山坳里，我就想到牛羊的乳酪，羡慕那些人的清闲朴素的生活，既恬静，又愉快，就连上帝也不管，其实，我所见的都是我理想中的乐趣。我的虚荣心，也混合在上面，所以对于当前的景色也不在乎了。自以为小小年纪，就能游历意大利，到过许多地方，好像跟阿立巴将军爬山过岭，掠取一个地方一样，在我这个年岁，是多么的荣耀呢。又因到处受人款待，在饮食方面因这胖汉在旁边而相形见绌，但我所吃的，还算能满足我的食欲。

我一生中最少烦恼和痛苦的时期，就在这短短七八天的旅行中。塞白太太走得极缓慢，好似散步一样的。这次的纪念，给我的乐趣比实际上的还多，尤以在山间徒步旅行乐趣无穷，最使我快乐。虽然后来发生了许多事情，遇到了不少麻烦，像搬行李、叫车子等都要我去代劳。当时的担心、害怕使我感到不宁，就连旅行的乐趣也变样了，因此我只求迅速到达目的地，别的都不去想了。我后来在巴黎时，征求到和我有同样嗜好的二位友人的同意，大家钱袋只有五十金路易做

盘缠，在一年中走遍意大利全国，除了身边带一个佣人携行李外，什么也不要。有好多人极赞成这计划，可是实际上没有一个肯去实行，他们只是嘴里说说罢了。我记得曾和狄脱鲁和格楞谈及这事，甚至连计划都已经弄好，但结果也不过是一团泡影。他们以为就算实行了，恐怕也不见得有什么好结果，又说事实上也不容易达到。

我一到都灵又觉来得太早了，但我心里却爱这里，也期待我的希望可以达到，因此我的一切野心又燃烧起来了，那时我比从前做学徒

时的身价又高了数倍，并不像预期中的那么低贱。

我应该在此打扰一下读者，我将写出那些琐碎且读者不大有兴趣的事情。但我绝不愿对读者有任何的掩饰，我会全部不漏地表达出来，并希望读者能够了解我一切行为的琐屑和内心的错乱，好昭示大家。我如果有一点事情不公布，那么读者一定怀疑：当时是如何度过的呢。你们必会说我有心欺骗。至于大家的厌恶批评，我是不会计较的，因为我总希望把事实表达出来。

华伦太太以前暗中给我的钱袋，在我一时的疏忽中，已给那两个带领我的人偷去了。塞白太太甚至想偷华伦太太送给我扣在小剑上的镶银的链子，这是我最在意的东西，所以没被她拿去，他们还想把我的那柄小剑也拿去呢。一路上他们把我的钱花完，到达时连一毛都没有了。我一到都灵，没衣服也没钱用，只有自己去找出路了。我把当时带在身边的信，拿到救济院去。当我进去后，就像是卖了身似的去受着宗教的训练。我一入门就见两扇粗格子的铁门，随我脚后锁上了，这第一印象就使我感到失望。当时有人带我到会客厅去，所见的只有一个耶稣被钉的神位，以及四五张已被用得因摩擦而发着光彩的木头座椅。其中好像坐着四五个彪形大汉，也是新来入教的。他们与其说是未来的教徒，还不如说是鬼怪的手下。有两位自称是斯拉夫人，并向我说他们曾经在意大利、西班牙一带走动，到处受着洗礼，所以没有碰过危难。另外一个铁栅启处，我看见从庭院内进来一些改教的姊妹们，她们也没受洗过，只是宣过誓而已，她们全是丑恶的卑贱人物。只有一个我还觉得漂亮，也还有点风致，她和我差不多年纪，也许她大我一二岁。她那双淫逸的眼睛，常常和我碰见，我很想和她认识，她在这边已有两个月，还要再住两个月。我虽有意和她接近，只是那个看守的老媪一刻都不放松，所以始终没有一次相见的机会。她在此已久，不论有多痴愚的人总会学到些粗浅的宗教道理，况且她也不很笨呢，但那个说教的常常说她太差了，老是不肯让她毕业，放她出来。后来，她自己也讨厌这生活，想要出去。她是否可成为基督徒，她也不管，她自己已自认为是基督徒了，而大家偏要束缚她，那也是没办法的事。

为欢迎我们新来的人，大家开了一个会，主教者对我们训话后，我也去说了许多感激和服从上帝的话，并和别人一同做祈祷。仪式过后，那班贞女被关进修道院去了，只留我一人独自观察我新环境的一些情景。

第二天早晨，又有第二次的宗教训练的集会。这时我开始回想我以后应该如何去应付以及将来的打算。我得讲一讲，将来也许会说，如果有一个小孩子能受过好教育的，那就暂算是我吧。我的家庭教育比常人好些，我的亲族也都是正直、足为模范的。父亲虽爱快乐，但也很诚实，内心也是遵守宗教的，因此我在幼时已经锻炼成良好的品性了。我的三个姑母都是有智慧、有德行的，两个年长的已是信女了，第三个孜孜向善的精神和热诚比她俩还虔信呢。自如此家庭到楞柏先生家中，自然也是十分信主的人，他口中所讲的，和心中所想的一样。他们兄妹常用主的爱和精确的教育，来开发我内在的一切同情心，他们传给我许多正直、诚实、合理的教训，因此我对于教规不但不会感到拘束，而且还会感动到内心，自想是好行为的典型呢。自从到舅舅家后，舅母却太看重信仰，于是引起了我对宗教的厌恶感。在业师那边时，我对于宗教虽已漠不关心，但因没有外面的物诱，我虽不很守规矩，总还不致流连忘返。所以我小孩时的宗教训练，可说比平常子弟所得的还多些。就实际上来说，我在小孩时期一点也不像是小孩，我的情感和思想却像成人一样。大家也许要笑我自以为是一个神童，不过大家要是知道一个六岁小孩子看到小说上的感情、兴致及其他各点而能感动流泪，如果还会认为我所说的太荒诞，那我就自愿承认是失信了。

所以我主张如要等成人时才信宗教，那么就不要在小孩时施予宗教，因为儿童怎会明白宗教的真正意义。这是我的观察，并不是我个人的经验。我个人实在和旁人是不一样的。

我以为小孩应和家人有一样的信仰，而人就是为此事而生的此种心理，人们不会增多，只会减少的。因为我知道宗教信仰是教育的效果，我不仅受了父亲的宗教影响，而且还得到一些形式上的观念。我们城里的人把旧教看作是十分丑恶的，因为那些教士们，全身都披着云纱，我对这个观念也是这么觉得，因此小时的我从未走进过一个教堂。

我每次见了旧教会巡唱时，就产生害怕的情绪，后来到别的地方去，这种感觉才消灭，但在乡下时我每见一次，印象上就更不快。后来，有一个奇怪的转变，因为日

宗教信仰是指信奉某种特定宗教的人们对所信仰的神圣对象（包括特定的教理教义等），由崇拜认同而产生的坚定不移的信念及全身心的皈依。这种思想信念和皈依表现贯穿于特定的宗教仪式和宗教活动中，并用来指导和规范自己在世俗社会中的行为。它属于一种特殊的社会意识形态和文化现象。

内瓦附近的教士对待儿童很慈爱，还有一段时间，我听见那暮鼓晨钟就使我想起去吃早餐、吃点心以及喝牛奶、吃水果等等。朋得先生的盛宴，尤其给我留下一个极大的纪念。所以我对旧教的宣传活动，不过看作是一种可游戏和有饮食的逃避所罢了。总之，我对于旧教的倾向只是为衣食，如果要我诚心去皈依，那我就会避之若浼了。不过在此，不敢存有游戏心态而勉强去从事。因为我很看不起这些改教者，我觉得这个神圣的导引，无非为歹人赍粮而已。我年纪虽轻，但我相信自己本来的宗教是好的。虽然我觉得新入的宗教比旧的好，不过如此喜新厌旧，我也不免有点自惭。

每想及此，就感到我的不是。我觉得这个命运，是他人的罪愆，不该由我去代替，因此，有时愤慨如有门隙般地通知我要立刻逃出去，然而这又怎么可能呢，况且我的决心也时断时续的。

有好些困难我不能解决，所以我不愿再回到日内瓦，更因我受了精神的痛苦和金钱的约束，所以我也不能再返故乡去了。漂泊他乡，满眼都是陌生的人，我只有自嗟薄命而已，今生已无法了。此刻只有深自忏悔以往的过失，聊为来日的重新做人罢了。往者不可追，来日方长，尚可有为。我不会说：凡事既未做，你倘没做，就不可有怨尤；我只能说：已往的罪过就算了，此刻勿再重蹈覆辙就好了。

大家都存着"觉今是而昨非"的观念，这实在是使我及许多人类堕落的缘故。因为这只能掩饰一时，他时已迟了。如果我们有智慧，道德这东西其实是多余的，如在坠溺未深时，我们总因其细小而忽略，迟迟不肯努力，那就不免堕落更深了。不知不觉间我们就被细小的过失所陷害了。这细小的过失，初起时我们如能谨慎点，也许就可以渡过彼岸，要是及至事情临头后，那就非有大勇气不可了。但英雄豪气，又是我人所胆怯的，

※ 美丽的日内瓦曾让卢梭流连忘返

于是只落在地下埋怨上帝："你何故使我如此脆弱呢？"那时我们天良已代答着："我造你却是薄弱不能解脱的，但是我已加强你的能力，是绝不会使你陷落的呀。"我得不到正确决心之时，自然不愿皈依旧教，不过时间余裕，尚能在此小住，以求将来的摆脱。我想在这段时期内充实知识，为日后立身处世之需。这个奢望，给我不少的活力。日后，旧教徒他们怂恿我改教，而我却反其道而行之，我想训练他们成为新教徒呢！

当然，他们在如此状况下是很难得到我的启示的。

普通新教徒比旧教徒有智慧，这是必然的！因为新教准人论证，而旧教只求服从。旧教采用他人的意旨为决定，新教是要由自己去决断。这是他们所晓得的。不过以我的环境和年纪，实在不易抵抗那些训练有素的人们。我又未曾受过旧教的洗礼，这是他们所知道的。不过他们不知我已在楞柏先生处学了一点，尤其在小时所看熟的那本教

会和帝国史，当时虽多半忘却，但在辩论热烈时，还会勾起我的记忆去应用它。

　　一个年老而矮小的牧师，道貌岸然地来演讲。这是一种讨论会，是一种训练，并不是绝对的辩论，是信仰，不是批评。但轮到我时，却阻挠他一切的言论，以致引起了更多的辩论。因此课程的时间延长了，听讲者也觉厌烦。老牧师话说多了，兴致就更高，但后来语调却乱了。第二日，大家怕我再去辩论而搅乱听讲人的情绪，于是就把我另放一室，叫一个较年轻又能说话的牧师教我。他只不过是口头上的能说罢了，实际上并不懂什么。我也不因他的严厉而懈怠学习，我仍是据理力辩。他想用有名的神父如圣格黑圣恩士等言论来压服我，但我也和他一样，稍稍看过这些人的学说，我依然能开口辩论，所以他也有点难于应付了。可是胜利仍是被他占去，这有两个缘故：他比我有权势，因我昨日已尝到那个老牧师的恼怒，所以不好再去激怒他，这是其一；还有，他比我所学的还多些，因此他在论说时我暗中采取他的法子做根据，当我辩胜他时，他就说我有问题，还说我的引证是错误的。再加以我的拉丁文学习程度实在太浅，虽明知我的引证无

误，但也难于立论，这是其二。他常常无故地攻击新教，有时不能辩驳了，就引证一些文字上的花样来做挡箭牌。每天如此花费于辩论、抗争和祷告，以及一些无趣的麻烦中，而同时又有一桩极卑鄙的事情叫我觉得无意义。

　　人们的心术不论如何坏，性格怎样放野，总会有一点感情的。那两个自称斯拉夫犹太教民中的一个，对我竟有了亲近的意思。他常来和我说些我不懂的法国话，谄媚我，并且常给我一些食物，常代我做些小事，使我不好意思地接受他的亲吻。我一见到他那张丑陋的脸和那凶恶的眼神就难过，但我只有忍受。我心中想着："他对我既是如此热情，我又何必去得罪他呢。"但他渐渐撒野了！有时让我极为难堪，我想他的头脑一定是昏了。有一个晚上，他要在我床上睡，我诿说床太小。他就叫我到他床上去睡，我也拒绝他。他实在太卑鄙了，他那一口的臭烟味，我真要作呕三日呢！

　　第二日很早起来，课室内只有我们二人，他又动手动脚而且傲慢无礼，比平日更觉讨厌。后来，他竟会做出那种恶心的举动，他把我的手拿住，我用力将手拔出，大叫一声然后就逃到课堂里去，也没有

※ 卢梭画像

对他有什么鄙视和发怒的眼光，因我不知道要发生什么事情呀！只不过表示害怕和讨厌而已。我既如此拒绝他，他也就不再来找我了，他向后跑到墙炉那边，射出一些胶粘白色的东西。我看见后极为难受。我走到走廊外边去，毫无任何不乐和烦闷，就好像没有这事般的。

我真不知这可恶的人是在做什么，我想他是害病，要不然就是发疯了。我从来没遇见过这种猥亵的行为以及面貌狰狞的人。因此如果我们是在这种情形下去亲近妇女的，那么妇女的眼睛一定明晰的，

我不愿也像那样子。

自遇此事后，我向大众宣传着。那位老媪叫我不要说了，我看见她很激动的样子，并满口的意大利话说着："罪孽呀！"我自己还是随处对人说，也不管谁会如何禁止我开口。因此第二天一早，有位长者来对我说，我的话有玷污圣地名誉，这点小事还是不要宣扬的好。他顺便对我说了许多我不懂的事情，当然他也不希望我遵守这个教训，因为他明白我对于一切的话都是心存怀疑的。他说这和其他坏事同是被禁止的，他的意思是不必把它放在心上，也不用去憎恼，他并很忠诚地告诉我他在年轻时也有遇此情形，当时虽觉惊惧，后来也

知识链接

犹太教是世界三大一神信仰中，最早且最古老的宗教，也是犹太民族的生活方式及信仰。犹太教的主要诫命与教义，来自托拉，即圣经的前五卷书。托拉广义指上帝启示给以色列人的真义，也指上帝启示给人类的教导与指引。狭义上指《旧约》的首五卷（犹太人不称《旧约》）。

不见有什么害怕的。他并且毫无廉耻地说明他的一切经验，并说我会抵拒大概是因为怕痛苦，他说这个害怕是不必的，这种小事原不足大惊小怪的。

我听了这种怪癖话后只觉得非常奇异，他所说的事好像是极为平常般的，当时旁边还有三个人，其中有一个也是教士，他听了这话后也一样不觉奇怪。由他们坦然的情形来看，我怀疑此事对他们而言是极平常的，只恨自己知道的太迟了。因此我听他的话时也很坦然，不过我的厌恶仍旧未减，如今一想起，心里还会难过。他看见我没有好脸色，悻悻然地走掉了。自此，我在这个救济院就更难过了，他们对我再也没慈爱了，我也只有希望能早点脱离那边。

这桩事情，到后来让我有了一些防备，至于世人也不过是如此，而在我眼前就露了一个如此丑陋可怕的斯拉夫人形象。与此同时，女子方面因此便引起我的同情。好像对她们就应该特别温柔和尊敬。虽是一个丑陋难看的女子，我也觉得要敬重她。

对于这个野斯拉夫人，人家不知如何对他。不过，除了那个修道妇洛蓝外，并没有一人对他表示好感，以后他再也不和我亲近谈

话了。过了八天之后，他在一个庄严典礼下受洗礼了，全身穿着白衣裳，表示他已悔过自新了。第二日，他走出了救济院，以后就没有再见到他了。

一个月后我也受洗礼了，因为他们说我道心未坚，凡念未尽之故，所以才迟迟未受洗。他们的苦心孤诣自然令人感佩，他们强迫我重新认识教规，用以表明我真诚的皈依。

后来，我真心地受训导了，一切都遵守了。他们见我心诚意正，就把我拉到市立的圣约翰教堂去行

※ 教堂内景

正式的受洗礼。一切仪式都很隆重，我以前虽已受过新教的洗礼，但他们如此再做一番，无非是表示旧教徒不再是新教徒罢了。我穿的是一袭灰色长衣，挂着白色的带子，一个人在我前边，一个人跟在后边，各端着一个铜盆，并用锁匙敲着，于是旁观者随意地施些钱，意思是要给新皈依的改教徒花用。总之，一切仪式极庄严，大家都以此为荣耀，我却感到很惭愧。只有那件白衣服，我倒很欢喜，只恨他们不赠送给我，正如那个斯拉夫人一样。因我也不是犹太人，所以不能受此赏赐。

事情还多呢，还须到那"教会审判堂"去行赦免异教的礼呢。以前亨利四世也曾经有此仪式，他派了大臣到那边代表正式入教，那可敬畏的审判牧师的面貌还不很恐怖。他问了我信仰、境遇及我的家庭，以及其他后，忽然又问母亲也许在地狱受难的事，我一听见这恐吓，只得压制住愤恨，并和气地回答着："我不愿在那里，希望她能得到光明。"那个牧师沉默不语，只见他露出谄媚的样子，好像默许我的意思般的。

这些全做完后，大家带我到门口，交给我二十多法郎，叫我要做好基督徒，诚挚地向着光明之路去，还有祝福我前途光明的，当门儿一闭，一切都没有了。

于是我的大希望一下全没了，留在我心中的只是一些儿戏，和我改教被骗的纪念而已，这事是很清楚地在我观念里变动着，我以前所怀的野心要得到实现，如今全在失望之中。我早上想住在皇宫内，晚上却已睡在街头了。大家想，我在如此失望中又加上做错事的懊悔，必然是后悔不已，但我却不如此。我闭禁于救济院二个月以来，一切的自由早已丧失，如今重返自由心里极感愉快，而且经过长时期的奴隶生活，重获自由身，我想在此繁华富有的城市，当然会有富贵的

知识链接

受洗是一个宗教用词或信仰用词，是有基督信仰的人的一种仪式。受洗表明该人对基督信仰清楚并相信所信，愿意与世界分别开来，归入基督。洗礼之后，其人认为基督在他里面，他也在基督里面。受洗一词在基督教经典《圣经》中《马可福音》第16章16节出现：信而受洗的必然得救，不信的必被定罪。

人家，我的职业不久必会有所着落的。我想我有时间可以等候，因为我有二十多法郎在我袋中，还可以长久花用呢。一切全由我自己的意思支配，不必去求人，这是我头一次觉得自己如此富有。后事没有想过失望，只是听任我的希望变迁，而自信心也没消失，还有勇敢和安静，我觉得命运已经造就了，要自身去奋斗出来的才能足以傲人呢。

我第一件事就是到全城去跑一圈，以满足我心中的好奇，这也无非是运用我的自由而已。我看见那些兵士的操练，听见悦耳的军乐，就觉心情愉快。我也跟过教会的游行，那些教士参差的歌唱，引我去看皇家宫阙。我接近它时很惊惶，等到见旁人都进去了，我也跟着进。这也许是因为我自己的手上有改教的标志才得以走进皇宫吧。我得入此宫殿，十分高兴，自视是这城里的一个公民了。东奔西走直到有点倦了、饿了，再加上天气闷热，于是我走进牛奶店喝了一杯酸牛奶和两块黑面包，我最爱吃的东西居然只要五六个铜板就可果腹了。

第二件事是住的问题。我能讲这边的话，当然很容易寻到。不过

※ 在风景优美、平静恬淡的乡村生活中，卢梭写下了《论科学与艺术》

我所要的不在于享受，只要价钱便宜即可。有人说在宝街那边的一个兵士妇人家，只要一个铜板就可住宿一夜。一点不打招呼，我就在那里得到一张破床过了夜。这个妇人很年轻，虽已有了五六个小孩，但还像是刚新婚不久呢。我们同住一个房间，母子及宿客全在一房。我在她那边住了很久，夜夜都是如此的。她虽是好女人，但确切地说，她的身体就像是个粗人，常露胸也不梳洗，但心肠很好，对我也很好，而且常帮助我呢！

几天的光阴，全给自由奔走和好奇所浪掷了。城内外我所认为好奇之地几乎已走遍了。一个年轻人初从乡村进城所必有的行为，我都一一做了。我每天必到教堂和皇太子一同做祷告。我觉得和皇家在一个教堂内做礼拜是很光荣的事。加之我这时很迷恋音乐，这边教堂的皇家乐队又很闻名，因此我每天来此大部分时间全花在听音乐上。我所喜好的音乐，只求声音和谐动听就好了，没有其他苛求。至于皇家眩人的仪式，天天见惯已不能再引起我的兴趣。我只有一个野心：我天天去看那位公主，我如果得到她的宠爱，那我就可以写成一部传奇。

我这时确有写成一本传奇的材料，这虽不如公主故事之妙，不过如能做好了，我的快乐倒也不下那些皇孙公子呢！

我虽极节约，不过钱还是愈用愈少。其实我的简单生活和我本性相吻合，目的也不尽为省钱，此刻如有盛筵款待，我也不想要。我平常最喜欢乡村生活，如有牛奶、鸡蛋、青菜、奶饼、面包以及可口的酒就够了。如果侍者不讨人厌，我的胃口就会大开。所以那时的六七个铜板实比今日的六七个法郎吃得舒服得多。这也可说虽穷但很开心，因为我已得到生活上的满足。那种梨子、酸牛奶、干酪、面包以及几瓶麦酒，已够我大嚼了。但钱一去不再来，终有用完的一天。我虽不忧不愁，但经济日迫，对此茫茫前途，不免有点惶恐。一切奢望暂丢了吧，先来一个安定生活的方法吧，然而这不是件容易的事。以前学的技艺尚不够立事，而且这边的店家也不招收学徒。我只有挨户为人刻画一些碗杯，廉价出售，但生意清淡还不够每天的支出。有一天早晨，我在玻璃窗外看见一个女店员，生得风姿楚楚，于是不管天性羞怯，硬着头皮进店去请她弄点工作给我。她也没拒绝，叫我坐下，问我生平经历后，她同情我的境遇并说我有勇气，又说好基督教

徒一定不会放弃我的。后来，她请人到隔壁首饰店去借来我所用的器具，并到厨房拿出午饭给我。这初次的幸运，我想是将来成功的前兆，她对我的小技艺和伶俐的口齿极为满意。她打扮得很漂亮，她的风姿虽打动我，但那个光耀却叫我不敢逼视。她那和气的招待、可爱的言语以及和善温柔的姿态，使我觉得很迷人。她是意大利人，却生得很俏，那种可爱的姿势也还不错。她的保守和我的怕羞，当然不能立刻有什么好事的。而且在这时也没什么奇遇的机会。我对这个纪念只有一个追想，在她那边一刻的时间，可以说是我第一次经历到温柔和纯洁的情意。

她的皮肤是白里透红的，美丽的颜面上，露着十分活泼的神态。她名叫派拉太太，她的丈夫比她大些，而且是善妒的。他出外时，由一个容貌丑陋的店员监视着她。这个店员不能得到她的欢心是事实，但他也很自负的。他看我不顺眼，我却想去亲近他，因为他吹得一口好笛。他一看见我走到他店里时就愤然作色，他的老板娘却鄙视他。她的脸上露出亲热的样子对待我，好像故意让他难堪似的。这当然使我感到高兴，但她只是在众人面前时才会对我非常好，如我俩单独一

起时便不如此，她虽一样的热情，却另有一种态度。也许她以为我年幼不懂什么，否则就是她不懂，也许她的确很贞洁，她老是抱着一种桃李其面、松柏其心的态度。我对她的亲密自然不如对待华伦太太那样。但我已觉得太过分，也太惊惶了，所以我不敢注视她。在她身旁甚至连呼吸也不敢，但我却宁愿死也不愿离开她，她的一切事物都使我留恋：她衣衫上的花朵、美好的脚尖、从袖口到手套间的皓腕，以及头及腮上的肉也能使我产生同样的好感。任何一件的感动，便会引起他的同情。因此，我只要看她一眼，眼光就会眩乱了，胸部就被压迫，连呼吸也觉得不顺畅了，全身几乎不能自主，只能暗中叹息而已。她有事情时不会注意我，然而有时我却觉得她很让人同情。她的衣服有时飘扬起来，这更使我难以忍受，她让我如此销魂，如果她对我说点亲密的话，也许我会被迷惑得无法自拔呢！

我在此种情景之下见她好多次，却老是默然无语，这虽使我十分紊乱，却未尝不是件好事，因为我年少识浅终不懂其中甘苦。而她呢，她自然很愿意和大家见面谈话的，这从她常举办聚会的感觉中可以看出。她通常对人绝无成见，所

※ 美好的爱情是卢梭一生的追求

以她对我也特别宽宏。

有一天，她因讨厌那呆笨的店员，便上楼到自己房去，我立刻带我的一些问题跟上去。房门半开着，我进去时她没发觉，她在窗前刺绣，街上车声嘈杂，所以我的步伐她一点也听不见。她一向打扮得很整齐的，这天虽是有点慵懒，但是风韵姿态仍是美极了。她头微俯，头项白皙亮丽，发髻梳得光滑极了，带着一朵鲜花。如此满面风光，真叫人灵魂都飞到天外去了。我立刻在门口跪下，伸手向她表示情爱，她竟没有听到我的声音，也没有看见我，但那个炉架的大镜台返光照给她看到了。这时她没瞧我，也不和我交谈，不过将头转了过来，用手一指地下的垫子。我不觉感动得全身颤抖了，除喊出声音外，那时我什么也不敢动，只是轻移身子挨近她的膝下。我默无一语，连眼睛也没有看她，更不敢进一步去摸她。我虽呆跪着，但内心却很感动、快乐、烦闷、感恩以及无限的热望，这使我没有办法冷静下来，只怕冒犯她，被她瞧不起。

她和我一样怕羞，看见我这情形，也觉得不好意思，所以她对此情形没有什么表示。眼睛仍然注视着挑绣，好像没看到我在她脚下一样。但是我的痴愚让我无法了解是她给我困惑呢，还是我自寻烦恼，再加上她害羞得没有表示，而我也被这个害羞所阻碍了。她比我大五六岁，而我竟在她面前如此放肆，我想她既然不来鼓励我，当然是表示她不愿我有此种举动了。虽在此刻，我仍想这个理由是对的。她是个聪明人，也知道我不是个不解风情的人，理应会稍加暗示，否则便不会成功的。

我不知这幕哑剧演了多久，只觉得在我销魂之际，忽听见此房隔壁的厨房门一响，她惊慌地对我说："快起来！那个店员上来了。"我立即起来，并在她手上亲

知识链接

哑剧是只以动作和表情表达剧情的戏剧，不用对话或歌唱。哑剧的历史悠久，源远流长。"哑剧"一词源出于希腊语，意思是"模仿者"。哑剧没有台词，形体动作是哑剧的基本手段，它的准确性和节奏性不仅要有模仿性，还应有内心的表现力和诗的意蕴。公元前3世纪，罗马已有哑剧演出。

了两个热烈的吻，在第二个吻中她的手似乎向我唇上按了一下。以后我就没有如此甜蜜的机会了，我俩简单的爱情也就此结束了。至于那个店员，他后来忽然和我很要好，而且还加以谄媚，这大概是因店主夫人很看得起我吧。店主夫人叫他教我记账的知识，想借此聘用我，却引来他的不高兴，他害怕我会夺他的职位。所以他一边笼络我，一边又妒忌我，他常说我很有才能，不能只是做一个店员而已。

在后两天内我虽想再和她谈谈，却已没有任何机会了，她也似乎不愿意。她的态度仍像以前那样不热不冷，不过比平常自制一点，她常将眼睛避开我，好像很怕被我的眼睛碰到，以致难于自禁。那个

讨厌的店员比平时更会找麻烦，他常来讥笑我，并说我已和女人有了关系了。我似乎也觉得她和我已默许，所以我就更为谨慎了，一举一动都很隐秘，不如平时那样自由。我想这样的谨慎必能有满意的结果，然而从此再也没有下手的机会了。

她好几次对我说要帮我增加一些知识，使将来有所借助，她也想到我俩别离的时间也快到了。我们的那幕哑剧是在星期四演的，在星期日那天她请客时我也被邀请。那位上宾狄克教士，经她替我介绍后，他对我非常亲切，并且赞誉我呢，我和他谈到许多我的求学经历，他说我勇敢聪明，希望有空能再详谈。后来他用手轻轻摸我的腮两下，表示敬意和诚恳，并叫我有空去看他。我觉得那些客人们对他很尊重，再加上他对派拉太太的那种似父亲般的语言，可知他是她的忏悔师父。我又听说他的身份高贵，并对她也很有诚意。如果我当时能聪明一点的话，看见这样少妇受到她的师父的尊敬，我不知将如何羞愧感伤呢！

那一张食桌太小了，不够容纳客人，我和店员只得在一张小桌上用餐，但我们也没有什么抱怨，那些菜还是不断地送过来，我想当

然不是为那个店员的。一切都很有趣，一切也都尽善尽美，男女客人们尤其欢乐呢，主人往来劝酒极为殷勤有礼。到了宴会中间时，门外忽来了一顶轿子，原来是派拉先生呀！他刚进门，我就看见他，只见他穿着大红金扣的衣服，此后我见了这样的颜色就讨厌了。派拉先生是一个魁梧的美男子，而且风姿飒爽。他进来时大家一阵骚乱，所以不免惊动了宾客，虽然这些客人都是他的朋友。他的夫人一见他就抱住他的颈项，握住他的手，显出万般亲热的样子，而她的丈夫，反而好像没有什么感动呢。他对众人行了礼后，斟了酒杯，就与大家同食了。当有人问他的旅况时，他一眼见了那张小桌，便用很严肃的声音问着："那个青年是怎么来的？"他的妻子很大方地对他说了。又问我是否住在他家，有人回答没有。于是他凶猛说道："为什么不是？日里他既在这里，夜间就难免不在此住了。"那个狄克教士起来说话了。于是一场谨慎的辩论会就开始了，大多是说派拉太太的事，说我的事倒很少。他们说他不应责备她这种乐善好施的举动，这是一种美德，因为此事本来就不是隐私的事。她听了此话，愤恼的脸色也稍解。我正想要说话时被他打断了。

虽然心里仍是非常气愤，但是我这时坐立不安，不知他将怎样兴师问罪。这完全是那店员作祟所放的谣言，这时他正十分得意呢！

宴席匆匆散了，那店员立刻受了他主人的吩咐兴冲冲地下来逐我了，主人要我此后不准再进他们家门一步，并还加上许多难听的言词。我不说一声就出来了，心中着实地悲痛，非常不愿离开这个可爱的女人，更不忍心她的男人这样地摧残她。当然，她的丈夫有防备他的妻子不贞的必要。她虽然很贤惠，但到底她是意大利人，生性善感多情，他的男人如此待她不免太苛暴了。

这是我有生以来第一次遇险，以后我再经过这里几次，想再看见她，竟杳无人影了。只见到了我不愿见的她的丈夫和店员，他一看到我，就用柜台上的戒尺远远给我一个警示，我就气馁了不敢再经过那里了。我本想去见见她介绍给我的那个教士，但我已忘了他的姓名。常常在修道院附近徘徊，也没有碰见过，后来给身旁的事纠缠，我对于派拉太太的一些艳事也就慢慢忘怀了。我仍和从前一样木讷，像一个没尝过甜蜜爱情的人了。

这回情场失败后，几天内有个对我表示同情的女店主，她对我说

也许可以帮我找到一个职业，并说有一个贵妇人想要见我一面。我一听，还以为又将遇到奇缘了，这时我的内心澎湃着。我这次是和她家的女佣一同去见那贵妇的，一切全靠她代我转达。她先问我问题，我并没有觉得厌烦，于是我就答应去工作。我的职业是卑下的，我穿着佣人的服装，但只比他们少一些徽标，看去倒还有点绅士派头。这便是我所想得到的新职位了。

这里是维茜公爵夫人家里，她已做寡妇，没生育过。她的丈夫是意大利伯盆地方人，我还以为她是法国人呢！绝想不到意大利人会说那样清晰流利的法国话。她是中年人，看上去很高贵，她有灵活的思想，爱法国文学并且很精通，她的书信是很有风致的。我在她那边的主要工作，是抄录她口述的信稿，这倒是我所喜欢的。她是因为患了癌肿病，身体十分痛苦，所以不能亲自书写。

维茜夫人生得既聪明又富才情和勇气。我一直跟随她到最后的一次喘息为止，我看她痛苦以至死亡的情形，她从未表示一点颓弱和呼天抢地，也没超出妇人应有的忍德，她极有哲学的修养，只是那时

※ 卢梭一直渴望来自女性的关爱

的哲学已过时了，而且她也不懂什么是"哲学"，这名词——尤其是现代所流行的"哲学"，她似乎执着得有点近似固执，她对人对己始终缺乏情感。有时见她施舍，她也只是看重施舍的表面，而不是由悲悯别人的困苦而出发的。我在她旁边做了三个月的工作，对于她那样的做法自然不赞成。她对我固然寄望很深，因常在一块工作，而且她也知道她死后我是无靠山的人，不过也许因看我对她没有特别感情之故，或以为大家对她都没心照顾，所以也没给我什么大恩惠。

我之所以会如此想，是因为她有许多奇怪心理，她为了了解我的为人，会时常来考问我，并要我把我写给华伦太太的信拿给她看，要我告诉她我有何想法。但她不是为我的情感而做的，因她对我也从未表示过关心。当时我的心情极愿向外流露出来，当她得了一份同情时，她那冷淡的询问，对我所答的并没有什么表示，这使我不能十分相信她。每当人家对我所说的，让我觉得可怕而不置可否时，我只有缄口不宣。我觉得如此冷淡的询问是自负、有才能的妇人所共同具有的品性，她们喜愠不形于色，正可洞察人家的肺腑，然而人家正因此而灰心不敢有所表示了。凡一般人

如受人探问，不免会有点窘恼的，以为人家是在探求他的隐私了，因此他就不得不虚与委蛇，或缄口不言，甚至几近谨慎，白痴装聋，以图瞒饰。这些只想揣摩人家的心理，却把自己的一切隐藏起来，都是不道德的想法。

维茜夫人对我从没讲过一句有情的、可爱的话，她只是冷淡地问我，我只好支吾地答她。也许是我太过顾虑了，不能好好地答复她，因此她终以我说的太空泛而生起厌恶。以后只和我谈谈工作情形，别无他话了。她也不看看我的才能怎样，以为只要做好她的事就可以了。她既以佣人待我，我也只得自甘卑屈了。

我以为一生既受了造物主所命令，我的一切就因此而无法求进了。维茜夫人因为没有儿子，所有的遗产就给其侄儿拉克公爵所继承了，他在她面前很是热忱。而那个她亲信的佣人见她生病，就拼命地巴结求宠，想得点好处，她被这些人弄得心烦，自然无心顾及我了。她的重要亲信名叫拉楞，人很习猾，他的妻子更是能干，她在那里得到主妇的宠爱，两人成了好朋友。她的侄女潘连秉承她的手腕，也在服侍主妇，她生着一张会说话的小嘴，她的样子极像她的姑母，

帮助她的姑母笼络一切，于是夫人只有以她们的眼为眼，她们的手为手了。至于我自然不及她们三位一体的人儿幸运了。我虽事事服从她们，但不愿服侍她们。我除服侍夫人外，就没有服侍这些为伍的人了。她们也相信我是一个不很可靠的人，生怕夫人眷顾我，减去她们的好处；她们只知好处不知其他，如果见到他人得到好处，就像是她们的损失。于是就合力来谋害我，维茜夫人本喜写信，这在她不过是一种消遣，但她们不愿意这事情再发生，就设法叫医生来劝阻她，以为写信这事太烦扰她了，还推说我不会做事，硬是用了两个轿夫在她面前候着，骗我说她在写遗嘱了。我差不多八天没进她房，事情过后才许我照常进去。后来我在此走得很勤，是因为这可怜的妇人的痛苦使我十分同情，也使我对她极尊敬而且亲近她。我也不知几次避开了她们，并暗中为她洒下多少的伤心泪哩。

她终于与世长辞了，我亲眼见她最后的挣扎，她是一个贤惠勇敢的女人，她的死可说是贤德的死。我敢说她的为人，尽职和严肃并重，使我爱基督教的修养。而且她一生是很诚正的，当病沉重时，她仍然保持着愉快心情，也许她不能不强作欢颜以舒解她的悲哀呢。直到最后两天，她才卧倒了，但仍和人交际，并没有愤恨的神色。之后她不曾开口了，到最后一刹那，她放了一个大屁。"好呀。"她转身说，"妇人放屁不死的。"这是她最后说的一句话了。

她给每个佣人留有一年的薪资，不过在她的佣人当中如果没有登记的是没份的。我因不在她家睡，所以分文未取。可是拉克公爵却留给我三十法郎，并给我一套新衣服，就连那个工头也想要把我的那一份拿去呢！公爵还说替我找职业，叫我常去看他。我曾去过两三次，都无法和他谈话。他只是婉转地回绝了我，叫我以后不用多去了。

关于维茜夫人家的事情，还有些未说出呢！我表面看去像是无事情的，但我出来后就不像去时那样容易。我在那边负了长久的罪恶，还加上懊悔，因此使我四十年来，良心上还有点不太安宁呢！这个痛苦，竟不会因年龄的增长而减少，反而一到年老更严重了。谁会相信一个小孩的过失会那样地在心里继续着呀？它使我老年的内心好像无法得到安慰似的。我的罪恶就是几乎把一个可敬可爱甚至比我更有价值的女子陷于卑劣羞辱中去了。

在一个家庭到了无法维持时，家中虽然有些奴仆的忠实，又加上那亲信拉椤夫妇的照管，可还是让人觉得灰心沮丧。而那个潘达姑娘掉了一条旧了的红色丝带，虽然有许多好东西都可拿，但是我偏偏偷了这一件，只因我没把它放好，所以自然就被她们发现了。她们问我从何处来的，我脸红，半天回答不出，结果我诳说是维茜的厨妇玛丽给我的。她做的小菜很好吃，而且人也漂亮年轻，她是维茜夫人所赞美的人，因她做的汤特别合她的胃口，所以她就代替以前厨师的职业了。她不但手艺好，脾气也十分的好，人人见了她都会爱惜的。加以她又是聪明伶俐肯耐苦的女人。当我说及她时，大家都极骇疑。我当时的信用不及她好，所以大家急着要知道我俩谁是贼了。在大庭广众，拉克公爵也在其内。那个女子也来了，大家给她看丝带，当时我还是咬住她。她被弄得呆住了，缄口无言，对我看了一眼，我那卑劣的灵魂让我仍蛮横到底，她当然不承认，也没十分动怒，但她叫我自己反省反省，不要冤枉一个纯洁的女子，她一向和我无冤无仇的。可是我仍然没廉耻地说真的是她给我的。可怜的女子哭起来了，只对我说了这话："唉！卢梭，我想你是一个通情达理的人。你这样太令我难堪了，不过我绝不愿和你一样呀。"她仍是不承认，神情虽庄重，但仍无愠色。如此温和诚实对抗我的一口狡赖，相较下她不免要吃亏。我愈凶暴，她就愈表示出仙女般的温和。大家到此就不免有点难于判断，然而最后我胜利了。在这样丧家忙乱事务中，人们也无暇去探根究底了，拉克公爵把我们二人都解职了。他还说："让你们当中的真正犯罪者得到良心上的惩罚。"他的话的确不错，我良心上的惩罚，真的是永久无穷期呢。

我后来也不知那被诬女子后来怎样，想来是不易再得到一个职位的。因她的名誉无形中受了打击，终因事关窃盗，而且还负着诱惑青年人的嫌疑等影响。此外我的说谎、耍赖，一切卑劣的行为无所不用其极。像她那样年龄的女子，怎能受此无辜的冤屈呢！我想世界上再也找不到像我这样卑鄙龌龊、诬害好女人的人了。我真后悔不该陷害她呵！

这样残忍的回想，极大地影响了我的神经系统，以至不能成眠，就像她的受罪事情如在昨天一样。在我心境平和时尚不觉得有何烦闷苦恼，但一到我失意时，它就愈加来袭，使我不能安宁。我在另外一

对于儿童的教育卢梭有自己独到的见解

本书上曾说起"悔恨，在得意时成眠，烦闷时乱转"。但我从未曾对一位友人说及此事，以求减轻良心上的谴责，就连对华伦太太也未谈到过，只有在这本书中，用一种严厉的谴责，惩罚自己，我也不知此事该如何，只知这个痛楚在我良心上压迫着，从没停止过，也没减轻。然而我将此事写入《忏悔录》时，我的苦恼已解放了，已得到很大的安心之处了。

我如今把这事详加陈述，并不是希望减少我的罪过，只是对读者表现出我的内心和一切真实，以期无背此书的目的。这事可说是我生平最残忍的事了，我怎会如此冤枉她呢，虽说不了解原因，但我对

她的爱情应该是其中的要因。而这个爱情常在我心中作怪，不过我后来把这种意念打消了，我本意是想把那条丝带偷来送给她的，然而事实却相反，我竟陷害了她。当我见她来时，我心已碎裂了，但在大众面前，我又不好改口，只得一味抵赖。我不怕受罚，但怕害羞，我怕羞比受死刑还厉害。世界上的一切都可忍受，只有这个最让人难受。在这样众人注目之下，我觉得无处藏身，这个羞愧，竟使我不顾一切地去诬害人；当我变成她的罪人时，我抗辩我不是那种人，我那不可阻遏的蛮横也更强势。在众人面前，自认是窃贼，说谎、诬蔑，这是我最不愿的，以致将我平常的良

※ 或许是因为从小就失去母亲的缘故，女性的关爱总能使卢梭感到温暖

心全部掩饰起来。如果这时有人好好地在旁劝说，我会承认一切的。假如拉克公爵把我一人带开，对我说："不要冤枉这可怜的女子呀。你若做错了，照实承认好了！"我敢说那时我必会跪在他的脚下承认的。可惜大家不是如此，只从我的难堪处来压迫。再者我想年龄一事也与此有很大的关系。我虽是过了儿童时代，但仍可说是小孩子。少年做了恶，原无可恕，但年轻人的错失也是难免的，说到当时的我，当然也免不了青年人的毛病。至于这个恶劣的纪念，并不是痛恨自己，而是犯者自己的行为呢，这使我以后对于一切罪恶都十分谨慎而不敢再去冒犯，对于欺骗一事，也不敢再有了。在这四十年来我艰难地守着我的操行，虽受了危难也不改所守，为的是偿赎这次的罪恶。我想玛丽姑娘应该会感到欣慰的，我以后不敢再去作恶，已可抵得过她的报复了。这是我关于此事所要说的话，以后不想再谈这个了。

嘗试文学创作

我自脱离维茜夫人家后，仍旧住宿在以前的女客寓中，我在那边住了五六个星期，那时我的身体、年龄，以及空闲的关系，使我的脾气更加不好了，我在焦躁、傲慢和烦闷之中度日。有时我竟哭泣起来，并不时地叹息着而一心想求什么幸福来弥补我的缺憾，这种情形实在不能用言语来形容，旁人也很难领略其中的艰苦。因为在多数的青年生涯中，总是烦闷和快乐交织着，以及对希望的狂热和享乐前的一种渴望。我那如火如荼的心血来潮，在我的脑中充满着少女和妇人的幻想，但又没有一个实际的目的，只是胡思乱想、流连忘返，而毫无实质的希冀，这使我的观念愈加悲哀。这种想念，愈来愈凶，再也无法摆脱了。而那幸福也就在这梦想不易实现的郁闷当中流失了。这时我却想要有一个如先前格冬小姐对我的热情，使我能享到一时的快乐的人也已不可得了。因为时间已过去了，哪里还有孩童时的狂想呢！如今年岁渐长，羞耻之心又增强，一切念头也渐渐消灭，我不敢再去冒什么险了。从此以后，换言之，是一辈子，我对于女人终不敢有所表示了，即使她们愿意和我相交，我也会被羞念所约束，而终不敢有再进一步的渴求，只是口头说说罢了。

在这时期中，我甚至于做出无可理喻、荒谬的行为来。我常跑到幽暗的小径去，或躲到角落去，

※卢梭曾在华伦夫人的鼓舞下，外出游历，并登临阿尔卑斯山。图为阿尔卑斯山景色

远远对着女人妄想着和她们亲近的样子。如此我曾想也许可以和她们接近，因她们所见的我并不是那样淫秽下流的样子，不过我连做也未做到这事。我所表现的那些傻行为，实在非我自己所能形容。如果我猖狂地继续做着，也许会得到意外的结果呢！这事看去像是可悲可笑的玩笑，不过我自己却也不觉得怎么有趣。

一天，我无意间走到一个荒园的深处，那边有一口井，是附近人家妇人所必去汲水的地方。在这深处有一曲径可通到好几处地窖。我仔细观察这深长而无止境的幽暗小路。我遐想如果有危险时，可以藏身此间，绝不会被人找到。我既成竹在胸，便向那些汲水的女子做出一些可笑可恶的举动。但那些有见识的女子佯装不见，只有些人在旁恣意笑乐；有些则深以为耻辱，辱骂声和喊救声便交织而来。那时的我即避入洞内深处，人们随后跟来。忽听见有一男子的声音，这真是我始料未及的，这让我更加地惊惶。我只好冒险向暗中走去，但叫嚷声和男子的声音，仍是追踪而至。我只好再进去了，还以为可以四通八达的，却只有一线光明在

前，我更着急，也只能进去了，只见一堵墙阻住去路，看来我唯有静待命运了。不久，我就被人赶上，被一个戴大帽子、蓄着长胡子并带把刀子的人所拿住，此外还有四五个老媪手里都执扫帚柄在旁呐喊，其中我认得一个矮小的女冤家，就是她去通风报信的，她那时又来辨认我的容貌似的。

那个持刀的男子把我手抓住，严厉地责问我来此做什么。她们以为我的态度必是慌张失措的，是的，的确非我所料及，但事到临头，只好挺身而出，用哀求的声音对那人说："请原谅我年少无知，我是一个有身份的异邦青年，神经有些异常，刚从家中跑出来的，因为家人要关禁我。我的遭遇是很悲惨的，这时因吓得迷失了路，所以逃到这儿来的。如果你们肯释放我，将来一定会报答你们的。"结果大大成功，我的言辞及态度产生了效力，竟感动了那可怕的长胡子汉子，他对我稍稍责备几句后，便放我走了，也没有特别为难我。那时她们老少全对他释放我的行为不满，我想若没这个我先前以为可怕的人出面，我也许会吃一个眼前亏呢！我走出时，她们还是气势汹汹，我却毫不在意。因为我知道那把刀和长胡子的人既不为难我，我

如此的矫捷身手，对于那些帚柄也就不用怕了。

过了几天后，我和邻居一个少年教士一同走到街上，不料又碰到那个佩刀的汉子，他认得我，于是他用嘲弄的声音说："我是个公子，我是公子。说到我，我是无能的人。不过希望公子不要再来了！"他也没再说什么，我只好低头过去，我猜他必给那些老媪所骂，不该放我走的，所以他这时才会有这样的口气。他虽是真正的意大利人，却倒是一个好人，我一想到他，还是很感激的，若是换了别人，单是为了取笑我也会让我丢脸的。这回的放纵受了教训，我不敢再去冒险了，觉得自己实在太傻了。

我在维茜夫人家里时，获得好些知识而且认识了几个人，其中有萨瓦的牧师名叫格脱，他是墨侯爵的家庭教师。他尚年轻，也不很有名，我和他常常往来，他很有德行，而且明达，是我相识中最正直的一个。我不是为利用他才去亲近他，他的能力连替我介绍工作都不够。不过，我一生中受他好处比任何人都多，他给我的是真正的道德和处世的箴言，对我都是很重要的。我的意志和观念一向有时高傲，有时低俗，不是像英雄就是像庸人，一时为豪杰，一时又为小人。格脱先生叫我要好好控制我自

己，认识自己，不要自傲也不要自弃。他说我的性格和才能都很不错，他并说此中有许多阻碍不能摆脱在我的环境外，既然无法把它溶化，那么再因势利导之，将阻力化为没有，自然能得到好的境界。他画一张真正的人生图解给我看，解说着许多处世的方法，他并指导我在逆境中，说如果我是聪明的，尚可保存幸福和相当的成功。他说，只有聪明人才有幸福，智慧是一切成功之母。他并说那些统治者的才能并不比被统治者高些，他又告诉我一个永远不忘的警句，说："如果人能洞彻别人内心，必会使许多人自愿卑小，而不想向上的。"这话仔细去思考，愈是有见解，而绝非胡说，我将终身守住此言。我常常会觉得不自满，自感卑下，他又指导我高尚的原理，让我蒙昧的思想尽可能早些变得清楚明晰。他说社会上太高的道德是没有什么用处的，那些太铺张的见解，也是失败的目标，凡细小的事情，如能弄得好，和英雄所做的伟业同是一样的难得。他最后说名誉和幸福都可得到，并且受世人长久的钦敬，较之那些只受一时的欢迎则更为可贵多了。

为要求实践就得先明白根源。我想走的路径，就是我此刻状况的

持续。他对于宗教的主张，我已在《爱弥儿》书内用萨瓦牧师之名讲过了，事实上他的重点只是说一些极保守的话，但在大体想法上都较开拓。所以他那些箴言、感想、意志都是如此的，他甚至劝我回国。总之，每次的谈话老是一样，他的教训虽然实际，但在我心上已深萌着一个新道德和新宗教的根苗了，只要以后自己亲手去灌溉，就可得到好结果。

虽然我对他说的话不会立即相信，但我已是很感动了，所以我不会厌憎这种谈话，而且觉得他清爽明朗，尤以那种内心温厚的情感表现使我万分感动。我很感谢那些真正指点我以及有实力能给我资产的人，所以我认为那人可以相交。我对格脱先生非常感激，可以算是他

※十八世纪欧洲上流社会场景

的门徒之一呢。

一天不知怎的，拉克公爵忽然找我去。我之前去了好多次他却没有跟我谈话，我似乎已生厌而不愿去了，我想他可能忘记我了或者对我的印象不是很好吧，岂知完全误会了。因我从前辅佐他姑母抄写，所以他很称赞我的工作能力，他不仅在她面前说，也曾亲口对我说过呢，说将为我找一个职位，似乎自信满满的，并说如果此事成功了，只要我肯努力必会成为有用的人。后来谈到要去做事的地方门第高贵，根本用不着什么援助就能使我成功似的。虽然起初总是觉得职微位卑，但如果我的反应和办事能力真超人一等的话，不久必会升迁的。想到开始依然是个仆人的待遇内心很是失落。后来我想，难道这次依然是个仆人？后来我的信心渐渐强大，我自忖一定不会长久在人之下的。

拉克公爵介绍我到顾芳伯爵家去，他是王后的侍卫大臣。这位老人的态度和气持重，使我非常地放心。他问我些同情的话，我也很诚实地答复他。他对拉克公爵说，我模样很和蔼而且聪明，只希望以后不要丢他的脸。然后转向我说："我的小孩子，事情开头时都会困难些，往后就会比较容易。你若循规蹈矩，这边人都会喜欢你的，这是你唯一的工作。此外，必须勤奋一点，那么人们就愿意来帮助你了。"说后他给我介绍了他的儿子勃朗和他儿媳妇顾芬司敦。这给了我一个好的印象，他们并不以奴仆待我。事实上，我有张办事桌，也未穿佣人的服装。他的年轻孙子要我跟在他的马车后面，但他的祖父已关照我不许跟谁出去，说只能在家内做事。至于我做的事虽是奴仆的事，但我却很自由的不必认定谁是我的主人。除去誊写一些口授信件及替他孙子做点玩具外，其他时间随我自由做事。这样的闲散，是很容易放纵自己去游荡的，也因为少年无所事事，极易沾惹许多放纵的事！

还好，放纵的事不至于发生，因我仍常到格脱先生家去获得些好教益。别人还以为我有什么鬼祟行为在外，其实我暗中已受他的引导，到达很善良的境地。

我做事极谨慎，又努力殷勤、富于热心，大家都喜欢赞美我，格脱先生却怕我会松懈。他对我说："你的起点已给人好印象了，最要紧的是以后更要努力，不可松散下去。"

于是人们也不来试验我的才能，并且对我所做的事也很放心，不过只有老主人想考察我，也不过是看看我的天资罢了。主人的儿子勃朗当时得到维也纳公使的职位，只因皇室近来不安，大家对此事不免担忧，在家中忧闷了好多日。没人注意我，可是我仍然努力尽我的职责。

主人有个孙女布勃姑娘，和我一样年纪，长得极漂亮，皮肤又洁白，头发黑得发亮，温和的神色露在粉红色的脸上，深深地打动了我。每一见到，不免怦然心动，加上那宫廷礼服又极光耀动人，更显得她的体态轻盈了。大家要说这不是一个佣人所应该注意的，也许是的，但不只我一人看到，厨师和那些差役在我们会餐时也时常说到呢，而且那些猥亵的言语更是不堪入耳。我丝毫没有对她有任何遐想，我自知身份的差距，我所要的只是看她的姿容而已。尤其在她的美妙言语中，感受她的心灵也就满足了。我的奢望只在能够侍候她，当用膳时，我常想如何能够表现出我服务的精神呢。如果她的侍者离开了，即时可见我已坐上他的位子了。除了观察机会外，我常对她面立着，表示我愿做一切，看她眼中所透露的需求，探视她何时要换杯碟。我如此自告奋勇，还以为会得到她的垂青，或会命令我做什么或和我说上一句话，结果她毫无所动，我在她眼中简直等于空气。有一次，她的兄弟在桌上对我说些粗陋的话，我回答得非常美妙，使她不免有所好奇而对我回眸一盼，这虽只是一刹那，我却已非常快乐了。第二日，机会又来了，她又对我作第二回的一盼，更使我开心了。这是晚上的大会餐，在那边我还是初次见到，厨师戴着帽子佩刀来侍候，这个情形已使我十分惊奇。席上有人谈及家族写在墙壁上的家铭"Tel fiert qui ne tuepas"这句铭语，因为意大利人不懂法国文字，有一人忽然说"Fiert"拼错了，多写了一个"t"字母。那位老伯正要答复，又向我看了看，见我微笑有所欲言，就叫我代为答复。我说"t"字不算多写的，因为"Ferus"这一字是法文的古写，不是从"Ferus"变来的，它不是解释骄傲、恐吓的意思，它是由动

※女人总是让卢梭悲伤多于快乐

词"Ferit"转变而来的，含有惩戒及毋害的意义。所以家铭上，不是说"威吓无益"，而是说"惩责无伤"的意思。

这时大家面面相觑，惊愕得很。我愉快地看见布勃姑娘神情上也表露着满意。她以前那样鄙视我，如今却又对我顾盼，而这一回的价值更是可贵。继而她又转眼看她祖父那边，好似等他赞誉我的样子。她的祖父果然对我大加赞美，大家的称赞声也就更热烈了。这个时间虽短，我却深以为荣！这也可说为职位低贱的人吐一口气，使有才能的人得到认可。过了几分钟

后，布勃姑娘举眼看我一下，羞怯娇爱似的叫我替她倒茶，我这时正在找机会接近她，自然立即应命了。可是一走近时，又极感局促地颤抖，再加上杯子盛得太满了，不觉中把茶泼到了她的衣服上。她的兄弟很不客气地问我何以如此手抖呢，这倒使我怔住了，布勃姑娘这时也不觉面红耳赤。

我写到这儿，人们可以回想我从前和派拉太太的情景。总之，我在感情上实在没得到一点点的幸福。我虽是在她母亲的客厅服务着，但是以后再也受不到布勃姑娘一次的顾盼了。她出入时也像没有看到一样，我也不敢看她。一天，

她走过时忽然掉了手套，这可给了我机会，但我却怕羞到不敢离开座位，有个粗鲁的佣人拾起手套给她，我心里非常不快，恨不得把那拾者打一顿。从此我就再也得不到她母亲的欢心了。她一直未叫我做事，也不承认我所做的事。有两次她和女儿经过客厅，只是冷淡地说："这里没事可做，请到别处去吧。"我一听此话，就忧从中来，我只好到别的地方去帮忙。我完全不懂布勃夫人的这种轻视，好在老主人仍很看重我。在那次大会餐后，他就和我谈了半小时的话，他十分满意，我也十分愉快。这位老人，本来很有才干，虽不及维茜夫人那样机敏，但他较有情感，所以我和他一起比较有趣，他叫我到他儿子勃朗那边去学点知识。他儿子也很疼我，我如能好好学习，对我实在是有益的。第二日早上，我依命去见勃朗先生，他不以佣人待我，叫我坐在他的火炉旁，而且很亲切地问我一切。他觉得我所受的教育还不错，不像其他佣人的无知无识，不过他说我的拉丁文不是很熟练，他愿在这方面教我。从第二日起，我每天早晨到他那边受教。因此我的状况又为之一变，在这个时候，我的地位时高时低。我在这大家庭里一边是佣人，另一边又是学生，我的奴隶生涯中，又拜了一个德高望重的人做先生了。

勃朗先生是老主人最小的儿子，家中预备让他做督教的职位，所以他受的教育比别的贵族子弟还高深。他在谢庠大学读了好几年，专攻纯净的宗教，后来因教学太枯燥了，又转去研究修辞学，结果研究得很好，这犹如从前那个督教禅格一样，而且这也是意大利的督教候补者所常有的情形，不足为怪的。他也好吟诗，也会作些拉丁文及意大利文的诗句。他既如此好学，自然有助于我文学的进步，我

知识链接

修辞学是语言学的一门学科。研究提高语言表达效果的规律，即如何依据题旨情境，运用各种语言材料、各种表现手法，来恰当地表达思想和感情，揭示修辞现象的条理、修辞观念的系统，指导人们运用和创造各种修辞方法恰当地表现所要传达的内容。它与语言学联系较紧。修辞学主要研究的是词格（即通常所说的修辞方法）、言语修辞活动（主要与语境、语体有关）、言语风格等。

如果能好好学习，不难成为一个文人呢！

他的意思是想把我教得像样点，所以常以较深的课业叫我修习，也许因我的多问让他以为我的程度很好，抑或他看不起粗浅的拉丁文，所以开始就教我翻译徘脱的寓言，后来又教我读维吉尔的作品，在那时我完全不懂的。此后虽然努力学拉丁文，也终不能十分了解。我固然尽力用功，他对我的善意，我始终是铭感不忘的。每天早晨的时间我受他教导，真是受益匪浅，有时替他抄写，他也十分满意，他念我写的工作比我由自己去学获益更深。因此，我就学会了意大利文字，并且喜欢文学的趣味，也能判断作品的优劣。我后来自己去学习时，这些都给我极大的帮助！

这段时期，我心中极为安定，毫无妄想，只是努力求进步。勃朗先生也很满意我的表现，见人就谈及此事，他父亲尤其关切，甚至把这事对皇上说了。布勃夫人也不像先前那样的蔑视我了。于是我一变成为他家的幸运儿，那班佣人就非常妒忌。他们见我得了主人的欢心，又得到少爷的教读，以为我不久就会得到下次拔擢了。

听说他们之所以会如此厚待我，无非是因为他们想养成公使或国务大臣的势力，所以极愿培植人才，为他家效劳，造就好局面。这是勃朗伯爵的远大计划，是值得尊敬的。不过我觉得这样远大见识实非我能明白的，而且我也不习惯于这样长时间地被束缚。我脑海里总想从冒险中去寻找快乐，而且如果此时得不到女人的垂爱，一切也就没有意义，太辛苦了。

之后一切都很顺利，不久我就博得大家的重视，大家都视我为最有为的青年。不过我的地位不是旁人所能认定的，我想达到的目的，却另有门径，这是我个人的特性和与常人不同的一点。

在都灵虽有许多改教的朋友，但我和他们没有交情，而且也不愿和别人往来。只是认识几个日内瓦的故乡人，其中有位姓莫的先生，绰号叫缺唇的，和我还有点交情。他学的是画业，一天他和我一个在日内瓦的叫巴刻的同事聊起天来。这位巴刻先生很风趣，年纪又轻，常使人感觉愉悦，我一见他，便不忍让他离开。他不久就要回到日内瓦去了。我觉得很失望！在他走前，我简直不愿离开他一刻，大家阻止他来看我，我就私自逃出门去见他，他们以言语警告我，我也不听，他们以解职相恫吓，这个威吓更使我想起和巴刻一同旅行时的愉快。我想到旅行时的爬山过岭、田园森林、流水孤村，不断地回味着，觉得一生葬身其间也不算什么。因此我的热血上升，什么都不管了，只是想和巴刻一起出游，既不想到督教家去，也不想到伯爵家去。我在那边竟失踪了，自此我没听到什么使唤的声音，及因怕怠惰的威吓了！我一回想起以往的乐趣和自由自在，不禁又为之神往了。

我既是如此的想法，人家自然就不欢迎我了，我的美好前程就此失去了。一天晚上当我回去时，那个厨师来说伯爵先生已解我的职了。这正是我所猜想的。我自己也晓得我的行为太荒唐了，他们的干涉实在太不应该了。他又说在离开之前，那位伯爵孙儿叫我再去一下。我虽决定要去，但我已早有打算了，并没改变我的初衷。那厨师在我们会见后，给了我一些钱，说是体面钱，其实我是不照佣人工资给付的，所以没有一定的薪资。

那位伯爵的孙儿虽年轻坦率，但这次他说的话极为有理，而且也很温和谦逊。他对我讲了许多慰藉的话，并说他的叔父的善意和祖父疼惜我的情感，最后又说如果我能离开那个引诱我的恶少，就可以复职等话。但我却不顾前途，决然不

干了。我这时虽如此糊涂，但面对老伯爵的善意，我也明白的，可是我这时对旅行的渴望，终究战胜了一切，所以我坚决地、不在乎地、骄傲地、不留情面地说："人家既解我职，我自能承受，用不着留恋，无论如何艰险，我决不在此逗留并受第二次的停工。"当时这个孙儿听了很愤怒，不觉地对我说了许多轻视的话，并抓住我的肩推我出门，我自己好像得到胜利般，唯恐会再受第二次的阻难，我决定不回到勃朗督教那边去道谢他平日的教诲与恩德了。

在我离开的前几个星期，勃朗督教曾给我一个小的希罗喷水器，它非常有趣，因此我玩个不休。我和诙谐的巴刻谈及此物，想在旅行各地时带上它，可能会有别的用处呢。它也许会增加旅行时的乐趣呢！我们想着，每到一个乡村，定能聚集一些乡下人来看这东西。到那时，美酒、佳肴和女人当然就会包围我们了。不但如此，而且还将引起人们的热烈招待呢，食宿自然就无问题。如果村人不来招待我们，那只能说是乡下人太吝啬了。只要我们胸中充满着热情，水壶装满着水，到处都可以安稳地度日子。我们因此就可以不用花费而遍游皮埃蒙特、萨瓦，走到法兰西，

如此地游遍全世界。计划既定，我们于是就从阿尔卑斯山过去，向北一路取道前进。

这样长征的计划一经确定，我就决定要将它实行。

于是就和我的恩人、业师、我所学的学问，毫无怜惜地别离了，继续过漂泊的生活。把国都、宫廷、功名、野心、爱情、美人们，以及一切我以前所希望得到的事物，都一齐放弃了。只有喷水器和好友巴刻及一点旅费随我同行，我心中充满着新奇的兴趣、环游的快乐，去追求这大计划的实现。

这次旅行的快乐竟如往日一样，不过它的情形稍有不同。喷水器固然会使店中的妇女及佣仆感到惊奇而快乐，可是食宿等费用仍不能少分文。我们也不介意，因为钱用完时，自然这个玩意会开发财源的。一件意外的事情，减轻了我们的劳顿，那喷水器在布儿曼地方时被弄坏了。这也没什么，因为我们口虽不说但内心早已觉得这东西够累赘的了，这样也好，我们的游兴也没降低，也不会因为衣破鞋坏而担忧。一路仍是精神洋溢，我们仍是一意前进，只因钱袋渐渐空了，迫使我们不得不快点到达目的地。

到了尚贝里，我不觉有了一件心事，既不是懊恨我以往的事，

这很少使我眷顾的，只是一心想着华伦太太交代我的问题。因为我把她家当作是自己的家一样，我曾写信告诉过她。当我入勃朗家时她也知道我的一切。她回信并恭贺我，给我许多好的建议，并教我该如何报答恩人。她以为只要我谨慎做事，不再自暴自弃，好运气就在眼前。如今要是让她见我如此状态，她不知将说些什么呢？我自然不怕她不接纳我，我所怕的是她对我的埋怨，这比我的流离困苦更为难受呀。我打断想象一切她将如何对待我的念头，我唯有忍气接受，再求她的原谅。在此时，我看全世界除她一人外，再也没有可以倚靠的人。如果她不肯见怜我，那我虽活着，又有何趣味呢？

这时又发生了一件难事，那就是同行的同伴，我想摆脱他不是很容易。我想事先表示这意见，所以在最后的一日，我对他表示极冷淡的态度，可是当时他毫无所动，我想他必会埋怨我的改变，但我的判断完全错了。当我们一进恩南城的路上时，他对我说："你已到你的家了。"他吻着我，并说声"再会"，他径自走去了，以后再也听不到他的消息了。我们自结交到别离，只有六个星期的时间，但我已受他的影响很深了。

在进华伦太太家时，我心极度不安，两腿战栗，眼前漆黑，这时连触觉都没了，碰到熟人也难以辨认。我勉强压制着，用力地深呼吸，终于恢复知觉。这是不是因求人援助生活而使我恐惧呢？或是在我如此年纪，恐怕饿死才使我如此惊恐呢？绝不是的，我敢说句真话，在我一生中，从未为生活的无奈而使我忧心焦虑过。有时霉运来时，即使无处藏身，也无物充饥，我仍没有患得患失的心理。虽到了穷困极点，我也不会去行乞或偷盗让自己卑屈。我固然朝夕以泪洗面，但贫穷和恐慌绝不会叫我伤心叹气，我的内心以为苦乐酸甜都在钱财之外。有钱时，我倒要觉得烦恼临头了。

我一见华伦太太的神色，立刻镇定了；一听见她的声音，我就有点惊喜；我立刻跪在她的脚下，热烈地吻着她的手臂。我不知她是否已知道我的情形，不过我见她没有惊异和恐慌之情，她只是温和地对我说道："可怜的小孩！你来到这边啦！我觉得你这次旅行，实在年纪太小了，如今看到你我就放心了，幸好你没有碰到困难啊。"后来，她便问我的近况，我很诚实地简要告诉她，虽稍稍删了几点，但其余都全盘托出，以求得自己宽恕

之处。

当谈到我住的问题，华伦太太和女佣商量时，我连呼吸也屏住了。过后听到让我住在她家时，我真是欢喜得难以形容。看到我的包裹被搬入我住的房中，仿佛就像圣柏安坐在轿里，进入情人乌玛太太家一样。我只听见华伦太太向家人说道："人家要怎么说只好随他去了，既然命运差使他再来，我唯有使他不流离失所！"

这时我就在此住了下来。不过这回还不能算是我一生中最幸福的日子，但可说已是达到幸福之门了。

华伦太太所住的是一间老屋，地方宽阔，还留下一间空房，这间空房就是我所居住的。这房子在走廊那边，我在以前已说过了。只要进去一望，就能立刻感受到田园风味。这是我这年轻人所渴望的风景，自从柏塞以后，第一次在窗前看到绿野。以前住在街坊，所见的都是屋瓦和路上的灰尘。如今大不相同了，我的快乐无以复加！我的情感因此更为温柔平和了。我能在有如此可爱的风景的地方住下，自然更感谢华伦太太的恩惠了。这好像是她专门替我设计的一样。我在她面前时，非常安闲从容，在她那些花丛中，我常看见她的倩影，行走在袭人的花香之中。她的风姿和

春光的明媚，一起混合着映入我的眼帘。我那一向被压抑的心胸，如今到了如此宽敞的房间，这么的和平辽阔之地，郁闷之气也不觉为之舒畅了。

说起华伦太太家的华丽自然不及那个都灵公爵家。但这里的洁净、肃静，也非那种俗丽所可同日而语的。这里的桌上很少有银制的器具和好瓷器，厨房内也缺乏海味和佳酿，但无论谁到这里都是一视同仁地被招待着。杯中有的是好咖啡，宾客一律都可在此享用，就算工人、信差和过路客，经过这

边，也不致空腹而去的。她有一个女佣很美丽，名叫曼勒，另外一个佣仆名叫安儿，两人和她的关系后面再说，还有一个厨妇，以及两个轿夫，这二人她并不时常用到，因为她很少外出。这样多的人事，每年只靠二千法郎的收入，怎可支用呢？又因她的乐善好施，只有一边举债，一边就用罄了。金钱在她家，只是无情地漏出去。

她的家庭状况已如上所述，我在那边的快乐自然也不用说了。不过有一事使我稍觉乏味，就是在

※ 年轻人所渴望的田园风光

食桌上要等候很久。她不爱吃肉汤及一切食物，所以她用餐时必须和人谈天，要延长半个小时后，才会去举箸。这样长时间我差不多可吃上二三次呢。我有时吃完好久了，她还没有开始，所以我每次陪她同餐，须吃二回。倒也没有什么妨碍健康的。如此亲近她，会使我觉得快乐，就算我不见一点刺激，却时常感受永久的温和。在知道她家底细前，我十分安心以为能如此快乐下去就好了。可是当知道她的家庭窘况后，我又觉得这点快乐完全是举债得来的，又立刻觉得不安了。我的预感，常使我的快乐消失。我看到前途的渺茫，也只有叹息一声，而无可转圜了。

从那第一天开始，我们已很亲密了，且一直维持着。她常叫我"小宝宝"，我则叫她"姆妈"，这个小宝宝和姆妈的名字永久存在我们之间。我觉得这两个称呼，在我们温柔的叫声中和行为的坦白上，一点没有不符合的。她对我实在有母亲般的慈爱，绝不见一点自私为己的快乐。至于我对她的感情，有时也流露出爱情来，这并非改变以前的关系，无非是想使我们的生活更加愉快，我得了一个年轻美丽的"姆妈"，在接吻时更舒适而已。其实她对我的亲吻和爱抚，

已很习惯而不排斥的，况且这在我心中也毫无别的妄念。人们以我们后来曾有别种关系来说闲话，我会承认他说的话，这暂且留在后边再说吧。

我们初次会见，当第一次目光互相接触时，已经是我生平中最强烈的感动了。这回的接触更是难得的，之后就没有这种感触了。也许是惊慌的原因较多，我的视线永没有在她胸部下面溜过呢。亲近她时，我毫无思考，只是陶醉在一种舒适的快乐状态中而已。只求一生或永久地如此亲近她，一刻都不会使我生厌，只要她是自己唯一的亲人。和她谈话时，不觉其言的枯燥，更不会感觉是无聊的应酬。我们见面时，没有大讨论，只是随意闲谈，只是话语无尽，妙趣横生，我若不先闭口，她是不会住嘴的。我用不着去前思后想，材料自然会来的。我只想找个方法，使我住嘴倒是真的。她有时会沉思于她的计划，这时我就任她梦想去，而停止说话。这样我才能鉴赏她的默然，我自觉是人类最幸运的人了。我这样的怪癖确是很奇怪。没事时，我实在喜欢和她会面。有事情来时，例如有男女客人来见她时，我就得怅然地出去了。总之，我是不愿有第三者和她在一起的。我那时就会

跑到她的套房中待上数小时，心中怨恨这些久谈不走的客人，心里想他们的话怎么如此多呢！

当我看不到她时，我就猜想她在做什么；当我见到她的面时，就只是快乐而已；当她外出时，我只是痛苦地思念她。想永远相随的渴望，使我兴奋得有时不免会流下泪来。记得有一回，她到教堂去做功课，我就到城外去散步，心里老是缠绕着她的影子，以及想和她亲近的热望。我也明明知道这时不能和她会面，就算达到，我所享的幸福也不会长久的。因此这份想念，使我产生出一种忧闷，虽似未绝望的忧闷，却是一个适中的企念。那教堂的钟声、飞鸟鸣声，以及天清气朗，使我亲密地和她同在一个树木密集、偏僻幽深的乡村居处。这个印象激起我一个很活跃、很温柔、很烦恼、很刺激的心情，我自己也到达忘形的境界，只希望她永远愉快，我能欣赏到她那高尚的快乐也就别无他求了。我一生从来没有像这次这么地感慨，我最感到奇怪的，就是这次的梦想，后来竟能一一实现了。我的一切完全觉醒，都能在想象中得到，只因所有的年月日以及整个的生涯，不过是片刻的经历而已。我的最真实的幸福就在这样的梦境中获得了，直到梦醒，烟云在刹那间消灭了。

当她不在我面前时，我这个可爱的姆妈的一切回忆是写不完了，只要想起这床她曾睡过，我就亲吻无数次；我的窗帘及房中器具，只要她曾经亲手触及过的，我就连地板都会去亲吻好几回呢。因为她曾在此地留下过印迹啊。有时在她面前，我也会表示我心中激昂的爱情。一天，在桌上见她口里进一箸菜时，就喊"菜里有头发呀"，她连忙吐了出来，我即把那食物亲热地吞下了。总之我的热烈的行为完全是亲身试验的，所以我这些行为在理性上是不易解答的。

我自意大利回来，与我去时虽稍有不同，可是以我这年龄能如此回来，已很难得了。我带回的虽不是童贞，然而仍是少年的纯洁无瑕。此时年龄已渐长大，我不快的刺激已在酝酿，第一回的遗精，是出我的不意，当时我惊疑万状，后来，也就安之，并懂得个中的意义了，从此我就违背理性大肆去追求了。甚至不在意对健康的影响。这是一般青年人所难免会做的事，这暗中的勾当在我怕羞和胆怯时更易犯！因它对一切幻想，极易对付之故呀。而且我臆想的对象不假外求，也无须得到同意，就可得到快乐，这个不幸却把健康的体质给摧残了。而且附近的环境也刺激着我，你想寄宿在一个漂亮妇人的家中，而她的姿色又常深印在我的脑海中，日里不离形影，夜间又睡在她睡过的床上。这个诱惑叫我如何受得了，我的生命也许会因之断送呢！然而事实不尽如此。这环境本可危害我的事，但如今却有助于我，我虽神思恍惚地眠思梦想她，不过却以一个亲姆妈、亲姊，或一个可敬的朋友来看待她，此外毫无任何想法。我一直对她如此尊敬，并且她的影子，我眼中永久保存着纯洁。她在我心目中是唯一的女人。她给我高尚和纯洁的情感，使我对她以及其他的妇人的想法，都是如此一尘不染。因我很爱她，所以不敢有非分之想，人们也许以为我不免太过虚伪，其实呢，我的确有如此的怪癖，信不信由你。

我过着如此快乐的光阴，但我做的事情，却没有这样有趣。每天我所忙的就是替她誊写计划书，整理一切记录，誊清来往账据，其余如检查药草，捣药丸，管理炉灶。至于来去无踪的过客、乞儿和各种宾客，那些光临的兵士、卖药的江湖之士、传教者以及女人等等，全去搅乱她的心思。我对这些人真是讨厌，而她对待所有人都是一样的，她看见我的不耐烦，忍不住地笑痛了肚皮，后来我自己想想也不免笑了起来。当中的生活实有说不尽的乐趣。她的好客想激起我的恼怒，好让她有笑料可谈，而我呢，也觉得此中别有乐趣，于是她故意调侃我，我虽笑怒不得，却使她得到乐趣，我仔细想想这情形，也不觉为之哑然。

这种事态，本没什么乐趣，但这举动倒是可爱。因这个结局，虽非依我的嗜好而设，但这一切都构成了我所喜欢的生活的一部分。例如我本讨厌医药的，但因此中意味的耐人寻味，遂使我爱上研究医药。我甚至靠一本书上所残留的药气，就能鉴别它是什么药，而且不会犯错呢！她给了我许多我最讨厌的药粉，我虽想避开，或者我叫她不要给我尝，甚至扮鬼脸，不管我心里有多么不愿意，只要她那涂着药粉的洁白手指擦上我的嘴唇，我的嘴唇便会张开，然后将它咽下。当她这一家人全聚集在一房时，她的家人就可听见我们那样笑着喊叫的声音，还以为我们在做什么游戏呢，其实是在调配药粉和药丸呀！

那时可贵的日子当然不是如此混过去的。我在房中找到一些书，如《旁观者》、普芬道夫的文集、圣·埃弗尔蒙的文集等著作，这时我读这些书虽不像小时那样勤奋，但都大略翻检一遍，尤其《旁观者》为我所爱读，而且颇得益

《旁观者》从1711年3月1日创刊，到1712年12月6日停刊，一共是五百余期。这份杂志每日出刊，每期一篇文章。其中生和斯梯尔各写了两百余篇文章，其他作者写了一小部分。刊物声称是由一位"旁观者先生"和他的俱乐部主办的。《旁观者》的编辑方式新颖别致，经常采用"来函照登"加上编者按或者"答读者问"的形式来发表议论。实际上，这些"来函"是作者虚设，目的是方便作者输出自己关于社会、哲学道德、美学的观点。

处。以前勃朗先生曾教此书，他叫我慢慢地念，并要体会深思，才能得益，因此我就研究书中的辞藻，以及造句遣词、结构布局等方面，因此学好法文以辨别一切发音的错误，这是一本很有益处的书。

有时我和姆妈谈论我所看过的书，有时我在旁边念给她听。那种情景是很有趣的，而且练习默诵对我也很有益的。她有的是慧心灵舌，且又正值青春之时，所以许多文学书都能被她所喜爱，她由此也能够鉴识作品的好坏。她的评断自然有点偏向于新教派的意味，例

如巴耶氏的作品和在法国无人过问的圣·埃弗尔蒙的文集，她却酷爱着。不过这并不致影响她批评文学的能力和谈话的异趣横生。她生长于高尚的家庭，常和那些大家门阀往来，所以不会染上乡土气息。

她在皇室中所过的时间虽短，却也熏染了一点习气。她对那些有势力的朋友都很要好，虽受一些人的诽言中伤及讨债的攻击，但她的年俸终不会被裁减一点。她极有经验，又很聪明，自然不至于吃亏。她喜欢谈论人世间的问题，她想借此让我增长一点处世的知识。我们一块读拉布儿的集子，她看这本书比罗士却所做的还要使她称心，这本书充满着太多的凄惨，对少年人实在不适宜。当她说到道德时，未免有点纠缠不清，我时时去吻她的嘴或手。我总是忍耐着，虽嫌她的说话累赘，但我还不会觉得十分讨厌。

如此愉快地过日子，倒也没什么，不过我只怕不能长久下去，因此我就不免有点闷闷不乐了。在一切游戏中，姆妈曾研究我、观察我、探问我，也极力代我计划将来的事业，使我有利益，可是我实在不觉得别的利益会比我此刻更为重要。好在我的计划嗜好和才能不能立刻就被知道的，所以我也还不至于太快离开她。她想我已不是懵懂的青年，对于将来的事

业也该从长考虑，因此我便借此迟延些到社会去服务的日子。然而不幸地这个时间到了，我的快乐也就到此告一段落了。原来她有一个亲族，名为殴芬先生，其人很明达，有计谋，也和华伦太太一样是大计划家，所以仿佛是一个投机者。他到这边是来献给当局一个奖券的计策，竟被采用。而且他在这边和一个督察使夫人有过爱情，这位夫人是一个可爱的女子，我也很爱她，是姆妈的客人中我所喜欢的一个。当殴芬先生到姆妈家去看她时，她谈起我，他便考察了关于我的一切，如才能知识等，想为我安插一个适当的位置。

华伦太太叫我在二三天的早晨去拜见他，她也没对我说什么。他对我很诚恳，说了许多话，叫我要好好表露我的思想。因不想使我知道他的用意，所以只是说些不切题的话。我呢，却喜欢他的无拘无束。如此观察之后，他对姆妈说我外貌机警，不过心灵和思想都没有用，一切都不堪造就。他说我能做几天的乡村传教士，已是很不错了。大家如此批判我，已

不止一次了，这是最后的一次。想起以前那个马伦先生的判断，真是如出一辙。

这种判断，是由我的性格所造成的，我也不敢讳言。虽然经过许多人细心地考察我，其结果都是说我的确没有用，不过事实上和他们所说的究竟是否一样呢？

我倒不愿相信。

我的品性的确不能相容地集合于一身，我自己也不明其故！一个很热烈的品性和丰富的情感，以及一个艰难的思想。可说我的情感和理性完全是两个人。情感有时如电光般来到，它把我的理性完全克服占领了，它并非给我以光明，只是将它麻木了。所以我的思想在心志清朗时才萌生。如果时间能充足，就会看到我的议论风发泉涌，既极深远，又极透彻；时间愈长，灵感愈多。如果坐立而待，那就会窒息灵感，不能表现于言词之中。

这个思想迟钝、感情敏捷的模式，不但在我和人交谈上，就连我一人在独自读书时都是一样的。我的思想艰难地在我脑中组织，它在里面微微运行发酵，使我感动发烧，甚至于刺激。可是我在这些感觉中，却什么也不明白，一个字也不能写出，我只好停顿一下。久之，这内心的巨大活动渐渐恬静，

混乱状态也渐渐消沉，各事仍如原状后，才能掌控呢，但这都很迟缓，还要再经一次长久的混乱。你们没见过意大利的戏剧吗？当它改换布景时，那台上就混乱不堪，观众忧虑，如此将闹得不像样了，但实际一点一点组合起来，毫无欠缺，使观众惊异之前的混乱，怎么后来会如此地耳目一新呢。当我要写东西时，我脑海内就和上面所说的一样。如有适当的时候，我的确会秉笔直书，写得生龙活虎，和那些名家相比，绝不会逊色呢！

观此，可见我写东西极为困难了。初稿完成后，涂改增删已将满纸涂得不堪入目，然而我的脑汁已绞完了。这样再三推敲，才能付梓。我不能对客即兴写什么东西，我只能在散步闲静时，于深林静谷之中，在我

知识链接

欧洲国家贵族爵位中，从最低级以上的第三级一般为伯爵，在侯爵之下，子爵之上。欧洲大陆部分国家的伯爵爵位名称出自拉丁文comes，意为"侍从"。例如，法语"伯爵"为Comte，出自拉丁文comitem，即comes的宾格。

睡床上，或不眠时打起腹稿。可见我成书的迟缓了，尤以我记忆书句的能力极差。我一生中简直不能背出几句诗句，一篇文章写在纸上，须先经过五六夜的打腹稿，因此我在写整部的东西，还能勉强裕如，若是轻松的信札之类，我简直要头痛了。无论细到一件极细小的信件，也要使我咿唔整日，一时写不好，只得暂搁。如此那封信被弄得首尾无法衔接，只见满纸都是浮词滥调，叫人看了昏昏欲睡。

我的思想固然艰涩，而且承受他人的思想也极难。

我观察人极多，自以为是善观察的人，但我不能了解所见的是什么，只能在事后的回忆中，去明白我的一切精神全在纪念的事情中。一切在我面前的，不管别人如何说，如何做，我如堕五里雾中。我所见的只是轮廓而已。然而一转眼间，那些当时的空间、时间、声音、状态、动作和因果，都一丝不漏地想了出来。关于他人的一言一行，我都能从中审察他人的内心，判断力也不比别人差。

我的心绪如此地难把握，独自一人亦是如此。试想在谈话时，要说得快，又要多谈，叫我如何应付？而且说话要瞻前顾后，又要说得不得罪人家，如此还不够增加我的麻烦吗？我不懂别人是如何胆敢在大庭广众前讲话，因为说话时，应该要明白听众的性格、历史和一切，才不至于冒犯人。那些惯于社交的人自然较为便利，因为他们懂得说话的心理和技巧。若说到那些不知世故的人却叫他去应酬，立刻会脸红词拙，不能说话了。至于和一个人密谈，我有时也觉得不自在，因为有时觉得无话可说。人家问我，我就该回答，人家不问，我须继续说着，这真是苦呀。总之，和众人或和一人的谈话，我都厌烦得很，我因此极讨厌应酬一类的事。世上没有一件事，让我觉得比被逼迫说话，和不停地谈话更痛苦了，这或许是我不太会讲话的短处吧!

还有一件不幸的事, 就是我本可以不说话的, 但我却太多话了。其实呢, 所说的又多是一些无意义的言语, 因为我要努力遮盖我不是呆子的事实, 却反而越涂越黑了。此刻可由千万事件中选出一事来做例子, 而且这已不是我儿童时期的事了, 是我立足在社会上很久时发生的, 而我却还不能控制我的言谈呢。一天晚上, 我和两位妇人及伯爵先生在房中谈话, 当时只有我们四人, 别无他人, 似乎可以周旋说些话了, 谁知我说出些什么, 真是天晓得! 四人中他们三人已在谈了, 我又何必再加入呢。当时正巧有东家的姨娘送来一种药膏给她的女东家吃, 两位妇人的一位对她做出皱眉的样子, 并笑问道: "这是脱宏医生的药丸吗?" 女东家也微笑答着: "不见得是吧!" 当时自作聪明的我竟加上了一句: "我想这药不见得好吧。" 这时大家都怔住了, 肃静得鸦雀无声, 过了一刻, 人们又谈到别的事情去了。其实这句话只是一个玩笑而已, 可是那个可爱的妇人却听不懂, 这句无意义的话竟使她扫兴, 我虽不是有心妨碍她们, 却已自讨没趣了。我想其他三位男女客人恐怕在冷笑我的言语无味呢。这是我不该说话时偏要多话的情景。我牢牢记得这事, 因这值得纪念啊!

由此可见我虽不是呆子, 却常有笨头傻脑的行为。

即是善于判断的人, 也是如此看我呢! 因我的面貌和眼神的呆样, 无不使人认为我是傻子。人们对我的傻呆, 常以憎厌的眼光看我。我的冤屈真是无从剖白! 例如人们说我喜欢孤僻等等, 我本不如此的。我也和别人一样喜欢交际, 总之我所写出的和人家所说的, 折中起来就是我的小说了。因为我不擅长于处世, 常有词不达意之苦, 而且见面时人家又不知我的真实面目, 我自己呢, 实在也无法让人看重。后来杜方太太常对我说及这点, 我住在她家好几年, 她是很有知识的, 所以能明白我的短长之处。不过也有例外的事, 将来再去说吧。

我的才能如此判定, 我的环境又已限定, 这已不是问题了, 此后只有把自己的资质改造一番就好了。不过此中的困难在于我的知识太浅, 和我只认得浅易的拉丁文, 这是极难成为教士的! 华伦太太要我进神道学院去修炼, 将此事告诉了院长。院长是清真派格拉先生, 是个很和气的长者, 一眼瞎了, 瘦瘦的, 花白色的头发, 却很有学问，我从未见过清真派有如此的好人才。

他常来姆妈家，她待他很好，很亲近他，有时也会对他发火，有时还会叫他织网，他也会很高兴地做。他在工作时，她就在房里东跑西走，做这事，又做那事。后来将丝网拖过去，他就跟在后面咕噜着，时时对她说："太太，你可要当心啊。"这个情景十分有趣的。

格拉先生极赞同姆妈叫我去读书的计划。允许我减少膳宿费，并且他还亲自教我，不过这须先得大主教的赞同。而大主教呢，既赞成并愿代我出资。格拉先生允许我穿常人的衣服，如果我到了相当的虔心皈依，经人证明可以做教士时，再换服装。

这是天大的变动！要我到神道学院去，简直如往刑场一样。那是一个悲惨的处所，绝不是舒服惯了的我所能忍耐的，况且我又是从她那可爱的家庭出来呢，然而我又不能不听命。我只向姆妈借一本书带去，这是我幸福的泉源。你想是什么书呢，原来是音乐书呀！她教我的各种知识中，唯有音乐是我牢记着的。她的嗓子清亮，唱得很好，又会弹琴；我真幸运能请她教我歌曲，但我是初入门的，所以连粗浅的赞颂歌也看不懂。又因为时停时续，所以对那些音符都还没弄清楚呢，但我对此极热心，很想自己

※卢梭有着极好的音乐天赋（小提琴）

学会。这本书是很浅显易懂的，是一本克拉伯的诗歌。我用尽心思，朝夕练习，竟会唱几首粗浅的曲调呢！这些编曲音调和谐流畅，很容易就学会了。

在神道学院中，有一个憎陋的教士来教我，他教的拉丁文使我觉得怪不自在的。在他那满头醒醒而直竖的黑发下安着一个像面包的面孔，声音像牛吼，眼睛如狸猫，稀落粗硬的刺螺的胡子，笑时更觉狰狞难看，手足动作更像木头人。他的名字我已忘记，但他的模样却永难消灭的。我此刻还仿佛在走廊上见到他戴着那厚重的帽子。你想这和我先前受那御师的拉丁功课，将是怎样的一个对照呢！

这样两个月内，受着这个怪物的摧残，我的头脑已是受不了。好在格拉先生看见了我的忧闷。我那时连东西也吃不下，正渐渐地变衰弱。于是他即刻将我由这个"野兽"手中拯救出来，另外交托给一个谁看见都满意的好人手中。这位新教师是芬茜的青年牧师，名叫贾呆先生，他还在做研究呢，他因格拉先生的关系，愿将他研究余暇来教导我。他皮肤白皙，胡子呈金黄色，一副丰满的面貌，带着故乡的风采、聪明的流露，具有好姿态，这动人的模样，我简直没有见过。尤其使人注意的，是他的

情感、热诚和亲和，完全表现在面容上。由他眼神上和声音中，都令人满意，而他生来却是个不幸人。

他的性情正如他的神态所表现，很有耐心和善意的。他不但是我的教师，也可说是我的同学呢。自受过那个先生的摧残后，使我更加亲近他了。然而我们虽是长时间的相聚，他也指导得很合法很认真，但我却努力多成功少。除了我父亲及楞柏先生之外，好像无人能再教好我了。此后，我只有勤加自修以求进益。我这人没有耐心，又加上唯恐不能学好，又急又躁，又怕教我的人不开心，我就故意装作很懂的样子。他努力教学，而我却更后退了。我的精神是认定自己有个性的，它再不能受别人的熏炙了。

到了牧师受理时，贾呆先生就回家去了，因此他把我的悲伤、情绪和感激都拨动了。我祷祝他前途时比祷祝我自己的更虔诚。数年之后，我听说他在故乡做牧师，后来和一女人恋爱了，并且养了一个孩子。他温柔的情感，只有这回用在爱情上，然而这在教会的律例是一件罪恶，牧师规例只许和已嫁妇人生小孩，他并没有遵守这教规，就被监禁、受辱和驱逐了。他后来也不知下落如何，但我对他的不幸很同情，心中的感触很深。随后我写

《爱弥儿》时，把贾呆和格脱这两个可敬的教士并列，认为是萨瓦教士的代表，我想这个说法，并没有什么失真的。

当我在学校时，欧芬先生已被迫离开恩南了，因为督察使发现他和他的夫人恋爱了。这真是小狗的报仇行为。自己吃不到东西，看见人来捉时，它便来咬人了。督察使的夫人很可爱，不过她太浪漫了一点。丈夫恨她，他对她野蛮直到离婚。督察使长得真难看，面黑如猫，凶相像枭鸟，后来也因滥用职权的缘故，自己被人驱逐了。后来有人说普罗旺斯人报仇是用歌曲的，欧芬先生的报仇却作成一出喜剧了，他把剧本送给华伦太太看，她便转送给我看。我觉得在恨一个人时，也想杜撰一剧来做个试验，看一看我是否能像他所描写的那样可笑。不过这个计划直到尚贝里后才实现，我写的剧本名叫《自己的爱人》，我记得是我18岁写的，可能还要再早一点。

在此时间内几无事可述，只有一事，此事本身虽不要紧，但后来也和我有点关系，而且我说忘了社会上一些人还觉莫名诧异。每星期中我得假出一次。有一星期天，我回到姆妈家，正好邻舍失火，火势将延及姆妈家，而那厨房内又积薪很多，虽风势不很厉害，但其危险却难以描述。家人将家具搬到隔溪小园内，我把所有的东西由窗中抛出，连那平日拿不动的大石臼我也拿出去了。大主教那天也在这里，他和姆妈在园内祈祷，我和众人也都跪下，忽然风向转了，她家侥幸无事了。事后教会要明白此事究竟，我把整个经过一一呈禀。哪知后来竟有以此呈禀诬陷我迷信旁门左道的证据。我不知世界上有无左道的事情，但我所说的却是事实。至于风和祈祷是否有绝对的关联，那我可不知道了。而且假使这件事因虔诚祷告的结果，那么我至少也有一点微劳。后来过了三十多年，我发表了那本《山谷信札》的时候，弗海先生发现了这个证据，他把那个证据的纸书拿来引证，他十分称赞我的呈禀，我看后觉得非常愉快！

在学校课程上，贾呆先生虽说我不错，事实上我是跟不上的。院长及大主教以我不能深造为由，把我送回华伦太太家去。他们对她说，我的人品还不错。他们虽对我有许多贬评，但她却始终不曾丢弃过我。

我回姆妈家来，仍高兴地带回那本音乐书，并唱几首在学校所习得的歌曲。她见我嗜好之深，有

意让我成为音乐家。这是个很好的机会，因她家中每星期有一次的音乐会，而教堂音乐队的队长也常到她家来。这个队长吕唉先生，是巴黎的音乐名作家，爱好和平，又年轻好修饰，虽不很聪慧，却是个好人。姆妈介绍我和他认识，他也不厌弃，稍缴学费后，就住到他那里去了。在此过了一整个冬天，真是快乐极了，而且教师的家离姆妈家不到二十步路，我们常走到她家吃晚餐的。

我如此沉浸在这个唱歌的天地中，和那些音乐家以及唱歌的小孩一起奏唱！其快乐当然比我在神道学院和那班牧师相处来得快乐多了。这种生活虽然自由，但也须遵守规矩的。我生平就爱自由，却也不会滥用自由。在六个月中，我只出来过一次，也是为到姆妈家或教会去的缘故。这段时间，我的生活极为平静，现在想起来还很快乐。有些得意的事情如今回想起来还如在眼前一样地感动。不仅那些时间、空间和人物，深印在我心目中，就连那些环境的东西、气候以及色香味，如今只要默想起来，都还有深刻的印象。例如音乐会的练习、合唱时的歌声、儿童班的唱歌、神父念经的道服、唱诗者的帽子以及他的面孔，一个木匠拿着大

四弦琴，那个黑矮的牧师拉着小提琴，教师先生拖着刀穿起教堂的破旧礼装。至于我！很自负地背着那支长笛，坐在乐队旁边的小桌上，并吹奏了一段美好的歌曲。在我吹后，又摆好了盛餐，我们大嚼了一顿，当时正觉得饥饿呢。这一切事情聚合起来，仿佛是昨日的事，比以前的事情更有趣呢。我一向爱好《繁星之神》一类进行曲，这是我在耶稣圣诞的晨间尚未起床时所听到的。我更不会忘记女佣麦须儿姑娘在姆妈面前和我同唱那个小调，当时她的主人是何等欢喜呀！说到那个帮佣，名为伯令的，她被歌童的音乐感动得像什么似的，也使我回忆着。这一切的回忆，以及它的幸福天真，真是何等愉快，此刻回想起来，不禁为之欣慰。

我在这边住了一年，没什么可被指责的事，大家和我也能好好地相处。自都灵以来，我一点错事也没做过，在姆妈面前，也没犯过过失。她领导我向正直的方向前进，而我唯一的欲望只是亲近她。这欲望并不是痴妄，实为一种理性内的情感。只因我爱她的情感太专注了，我心有时迷恋到不能念书，连最嗜好的音乐也被搁弃了。但这其中无丝毫的过失，我的意志依然存在的。不过我仍要分心，去追求梦

※卡拉瓦乔《音乐家们》

想，为达成目的不时地长吁短叹：
"我究竟该怎样呢？"我只求努力
进步。不过我不免会做些痴妄的事
情，却因一件新事情无故地来引我
到愚妄之路。请你们往下看，便可
知道我的昏聩了。

　　在二月的一夜，天气还冷，我
们正在围炉取暖。忽听到有叩门声，
女佣伯令提灯下去开门。进来一个少
年，十分洒脱似的，先对吕唉先生道
了寒暄后，自称他是一个法国音乐
家，因经济困乏，很想任职于寺院。

吕先生一听及法国音乐家这名字，心
里非常感动。他爱祖国又爱艺术的心
使他当下就好好招待那少年，并供给
他住宿。少年欣受，不甚推让。除了
感动他的援救外，没别的举动。当他
在那边取暖闲谈等待晚餐时，我看见
他身躯矮小，两肩宽阔，腰部大得难
看，似有一点跛脚，但他的身材上也
不觉出有什么畸形之处。他穿着一件
黑衣服，看去已褴褛不堪了，一件衬
衣质地很薄很肮脏，手套倒还好，那
双袜子大得可以套得住两条腿，他怕
雪花溅湿头发，腋下还挟着顶小帽。

唱诗班大多由教会热心的信众组成，他们的主要目的是负责教会礼拜日唱诗及带领敬拜。唱诗班在教会有举足轻重的地位，往往是教会直接领导的一个义工团体，对教会的各项事务都能产生作用。《圣经·旧约》上就有诗班记载，诗班出现在大卫王时代。

在这可笑的服装中，倒也还有一点高贵的仪态，他的容貌很有神，皮肉也细嫩，很快乐似的，说话也很流利动人。总之从他一切表现上，他对自己的外表似乎不太关心，这就让他的外表显得滑稽。他自称为王特，刚从巴黎来，迷失了路，忘记了他有音乐家的技艺，又说他要往格罗城去找寻一位国会议员的亲戚。

当晚餐时，大家就谈到音乐，他说得很好。所有的音乐家、那些著名的男女演员、美妇人以及那些大绅士，他都认识。他所说的像是亲身经历的一样！他每说一事，每每掺入一点诙谐，来引起大家的笑乐，然后又将他先前所说的给忘了，于是又讲到别的事去了。这天是星期六，明天教堂里刚好有音乐，吕先生很热心地请他去演

唱。他说："很愿意。"问他想唱哪一部，他回答："高调部吧！"于是他又说到别的事情去了。到教堂之前，人们给他一部曲本预备，他连一眼都没看呢。如此高傲的样子，让吕先生大为惊异。他对我私语说："你看吧，他连乐谱都不懂呢。"我答说："我也是如此想呢。"我实在替他担心。当音乐开始时，我心中很不安，因我想他总得唱上几首吧。

不久，他唱了两支小曲，极正确而且也很风趣，声音很悦耳，我心始安了，而且叹为少见呢！仪礼完毕，他极受教士们的赞赏，他仍一样诙谐地答谢。回了礼后，吕先生热烈地亲吻他。我也对他一样表示赞赏，他见我很高兴，他自己也觉得很荣耀。

我以前既为那个巴刻所迷恋，如今也为王特先生所迷惑了，因他很有知识、有才能、有思想、有经验而且又是耿直的人。不仅是我，就连一般的少年在我这地位且具有同样的心情和嗜好的，都会为之感动吧！而且他的年龄虽小，所懂的却很多，有时有些不十分明白的，他也像是很懂的样子。等时机一到，他就从容不迫地尽量说出了。这个诀窍，收效很大，因为有些事只讲一个端绪就停住了，神龙见首

不见尾，人家就无法探究他的深浅了。这些谈话非常畅快、有趣、引人入胜，他只是面露微笑，却没大笑。那些粗鄙之事，一经他口后，就变成很文雅、动听了，就连那班谨严的女子，也能容忍他的俏皮话，有时虽要发怒却又不可能。和他亲近的多是些无聊的妇女，他也不是有意找欢乐的人，只是个在社会上愿意给人快乐的人。他有这样丰富快乐的天分，连生在乡间的人大约都知道他，也很欢迎他，他却厮守着那音乐家的地位，这是我替其惋惜的。

我对王特先生的兴趣比和巴刻的情形更为纯正，结果也不会怎样荒谬。我虽很热烈地爱着他且时常见他的面，听他的谈论，就连他所做的我都觉得满意，所说的一切我都觉得有趣。然而我对他的亲近还不致使我无法离开他，因我有姆妈在旁监视。再者我觉得他的言论，对他很有用。于是很热心地对姆妈说，连吕唉先生也为之赞扬，她愿意叫人把他带来，但是一见面后，却格格不入。王特觉得她太高傲，而她看他又太过草率了。之后她不准我再带他到她家去，并严正告诉我亲近他会有危险，好在我和他不久就分离了。

吕唉先生既好艺术又贪杯中物。在吃饭时尚能自制，但在工作时，就非喝不可了。女佣人晓得他的癖好，当他曲谱在琴案或在手上时，酒杯壶瓶也已送上了。而且一杯不算什么，非得举数大觥不可，他喝得愈多神志愈清楚，实际是很伤身的。他是个好青年，姆妈常昵称他做"小猫"。可惜他工作太多，喝酒过度，身体不免受到摧残，性子也躁，有时多愁善感。但他从不说粗话，骂人也没有给人太难堪，他对人从没说过坏话，就连对合唱的小孩子也一样。不过当人家对他有失礼之处时，他也不会轻易放过的。他的失败在有时分辨不出人家的脸色和性格，有时常易激怒。

以前恩南的教会，是很光荣的，如今虽稍稍衰颓了，但主其事的多是神学博士和有身家的人，想

知识链接

神学广泛指称所有对神这个主题展开的研究或学说。基督教在罗马获得胜利后，神学一词多被用以指称基督教信仰观的诸多理论。"神学"这一概念并非源自基督教，而是早已出现在希腊古代思想中。在那里，神学指称关于诸神故事的唱颂和讲述。

要加入为会员也很不易，所以仍能保持它的尊严。因此那些牧师就自抬身价，对于所雇佣的人，自然不加以尊敬。他们对吕唉先生，当然也不免有此种冷淡。其中有个唱诗班的领袖魏通牧师，更是藐视吕唉先生。这年的"圣祭周"照例有宗教聚餐，吕唉先生本应受邀请的，然而却未列席，反而还受了些令人难过的议论，他便想在第二天晚上离开。他辞别华伦太太时，虽经她竭力劝解，终也无效。他想在复活节将届时，报复这班专断的人不给他在教堂里献技的大仇。可是他的那些乐器想要全部搬去，实非容易，何况他所装的一箱极笨重的器具，已够累赘的了。

姆妈和我当然尽力排解，然而其心已决不可挽回了，她只好竭力去帮助他了。因吕唉先生曾替她做过很多工作，所以人情上确应如此。他无论在奏乐和各种事情上，都做得使她满意。这回的帮忙，实际上也不过是尽其义务报答他三四年来的义气罢了。而且她本好帮助别人，不管和她有无交情都是一样的。她叫我送吕唉先生一程，至少须护送回到里昂，她并吩咐仆人帮吕唉先生搬运行李。这个仆人安儿说："在此雇人运物恐受妨碍，因路途太长，牲畜必难前进。不如由我们自携到附近一个村落，再催骡车拖到西沙，那里已是法国的地

※ 研读圣经

方，我们就可以放心了。"我们就采用他的主张，七点钟出发。关于旅费，姆妈来前已把"小猫"的钱袋塞满。我和安儿及克罗园丁携提行李到一个邻村上再雇骡前进，当夜我们就到了西沙。

西沙掌教者拉肋先生和吕唉先生本是认识的，我们要去拜访他，就得找点有关宗教事件的理由去才好。吕唉先生也赞成我的意思，觉得他们会明白他所受的委屈，于是我们就到了拉肋先生那里，他招待十分周到。吕唉先生对他说是奉大主教的命令，要到白礼演奏复活节的音乐，大约不

久就要再回来的。我也从旁说明，像煞介其事般的。拉肋先生见我是一个好孩子，对我非常亲切，我们被款待如上宾似的。当我们动身时，他还留我们再住，并希望回来时能再到此久住。走后，不禁笑了。在此刻想起还会克制不住呢！一次诳骗，居然成功了。然而吕先生在路上因好喝酒和贪恋风景之故，竟发生二三次的跌倒，好似羊痫风一样，这使我在欢乐之余，感到棘手想要早点脱离。

走到白礼时，正如我们对拉肋所说一样的，过复活节，虽然那里

※ 表现法国大革命的油画

的人并未邀请我们，但此来却受到音乐家的热烈欢迎。吕唉先生早是闻名遐迩的，他的技艺的确高人一等。白礼音乐会的领班对我们谦恭有礼，并赞誉他的歌谱，实则吕唉先生为人明达，才能又高，却毫无骄矜及嫉妒谄媚的心胸。所以他的同业是以先辈的身份尊敬他。

在白礼四五天甚觉快活，过后我们又向里昂前进了。到里昂住在圣母院里，于是就等行李搬来了。吕唉先生早就出去拜会熟人了，一个是格东神父，另一个是里昂伯爵突唐，二人待他都很好，不过他们已识破他了，其故读者不难猜到吧！

到里昂二日之后，我们两人经过离我们宿舍不远的一条小街上，吕唉先生忽然又犯羊痫风，跌在地上了，这回更严重。我吓坏了，大声呼救，告诉旁人宿舍名，央人扶他回去。那时大家正聚集来救这个倒在地上口吐白沫的不幸人时，我是他唯一相依为命的朋友，竟悄悄地逃跑了。唉。这是我第三次的忏悔。像这样的事还多着，但我也无意再续说了。

从开始到这里，一切事情的经过都记得很清楚，却不知道在下一卷书中要写些什么。在当时，我头脑太过荒谬杂乱了，竟像弹乐曲一样，把一个调子摆在不和谐的乐器上弹奏，当然已非原来的音调了，非迁就别的乐器不可，否则绝不能回复原有的节奏，到那时我的癫狂才能终止，而我的本性也才能恢复呢。我的心情在此时极为混乱，事情往往混乱颠倒，虽然有时还会使我忘记，但我只能写出一点回忆来，至于那些不易改变的、地域和人事的实际资料，却已颠倒错乱了。因此，我有时写得很真实的一切，有时又会漏掉许多要事，有时我勉强去忆起那些模糊的事迹，当然不知是否正确，有时留下纸张以备后来默想填补上去，但我所说的必定是很真确，然后才写上的。是否如此，读者必能明察。

当我离开吕唉先生后，我就决定回到恩南去。

流浪的趣味既已消失，我急于到恩南。我先前动身时路上所想的就是事情完后，要立即回到姆妈那边，以取得亲近她的温柔和疼爱的欲望，除此以外，什么的梦想和野心都已消尽了。我眼中所看到的一切幸福终不及我在她的身旁来得舒适，一离开她，我就觉得一切幸福全消失了。我回来时心急得很，只想早点回到她身边。在以前的旅行中，总有一些事物使我流连忘返，至于此次旅行的经过，一切事情至

此已完全忘记了，只忆得从里昂到恩南这一点而已。更觉得此行程的得不偿失，因我一回到恩南，已不见华伦太太了，听说她已到巴黎去了！

对于她这次旅行的情形，我始终不明白。我若追问她，也许她会告诉我的，但世上没一个人比我更不想去探问女人的秘密的。我心中常是充满此刻一切事情的真实，和以往的永久回忆的快乐，它再不会有一点空隙可以填上其他的好奇心了。现在我就依她所说的加以

推想，是因塞田王让位而引发的都灵革命，她怕年俸不能保有，想借欧芬先生的策略向法国宫廷求救。她曾对我说法宫一定会援助的，因办大事的人，对她总不会弃之不理的。如其事是真的，那么她这次回来时，她的年俸仍可以永久地享受。有人怀疑她这回是负有秘密的事件才出走的，或受大主教的委托代他到宫廷去的，或是受某一个特别大人物的委托而去的。没错，这个女使者是带着任务而去的。她年轻貌美，又有应变之才，办理那些交涉事宜，一定不会败事的！

丰富自己的学识

绕屋山泉潺潺流，前是花园后田畴；复有林峦增佳胜，就这些已让我满足，不能再加上：人生何事再他求。

真的，我得此不想再要别的了，更不希望有什么财富了，只求能玩乐，就够心满意足了。而且很久之前，我常对人说过，所有和享用，完全是两样东西，就是男人拥有妻子也绝不如恋人来得快乐呀！

到了这里，我才得到人生的真趣。从此时起，我才可说享到幸福，好可贵和珍惜的时光！你再回来给我一次吧，你慢慢地从我的记忆中逝去吧，你怎么那样快地飞逝呢。想起这些旧事，虽还可想念，不过也很简单，无非都是那个样子，我何必说个不休，惹起读者的厌烦呢？况且这些如果是故事、行为和语言，我还可以表达出来。但它绝不是言语所能表达的，也非故事所可表现出的。我怎么能说出呢？我和太阳同起来，因之我很快乐，我独自散步，我也快乐；看见姆妈，我也快乐；离开了她，我也快乐；我在林峦山谷中读书，游散中勤劳，摘果子，帮助家事，全都非常地快乐。总之无处没有幸福随着我身，并且它没有一刻离开过我呀！

在这快乐时期中的一切事情，至今我的记忆还很深刻地留着，在此时期前后的一切事情，都已不能全部回忆了。我的想象本很活跃的，如今

◇ 图 说 名 人 ◇

名人名言

在敢于担当培养一个人的任务之前，自己就必须要造就成一个人，自己就必须是一个值得推崇的模范。

——卢梭

为这可爱的纪念，我情愿回忆着以往了。不想对未来寄托什么希望了。只有这个过去明白的回忆，在我今日的不幸中，还能得到一点快乐的真趣。

我此刻来说一例，就可见我回忆的深切了。那一日，我们到沙默村，姆妈坐着轿子，我跟在后边。上山路时，她因很重，怕轿夫辛苦，半途时她就下轿，和我同行了。路上她看见篱笆中的绿色植物，就向我说，你看这长春花还在开着花呢！我从未见过此花，因此低头去观察，因我的近视眼不能辨出它是什么形状的，只有泛泛地一看而已。如此过了三十年，我再也没见过那花。后来在一七六四年的时候，同朋友在喀西耶的小山上，山顶有一座凉亭，我正在采集花草

※ 卢梭时代，伟大的思想者更高兴把他们的思想讲给优秀的女人听

时，在路旁不觉欢呼起来，啊！那是长春花，其实只是一朵小花而已。友人只晓得我的快乐，但不知道此中有一段故事呢。就此小事看，读者也就可以推想我这时生活的印象是怎样地深刻了。

但这田野气候，不能使我立即复原，甚至感到疲倦，连牛奶也不愿喝了，就以山水代疗疾之用，每晨散步前，我就喝两瓶的泉水，因为水中含矿物质太多，不到两个月，胃痛不能消化了。

一天早晨，我把一张桌子架起，忽然觉得脉跳耳鸣，甚至耳朵都不能辨别声音了。此刻虽不聋，但听觉已不便了。脉跳耳鸣，始终没解除。我原是个贪睡的人，经此病后，夜间就不易入睡。种种病象，随之而起，我断定离开人世已不久了。但是我想在这短促的时间，继续挣扎着，脉跳已惯了，也没什么大痛苦；夜间的不眠症，也无甚妨碍；气虽短促，也未到达喘息的地步，其他也不觉有什么影响。

这一次意外只能伤我的身体，然而不能伤我的欲望。我真得谢天！我精神上因此而得到些幸福。明白地说，当我看到自己成死人之时，那时我才觉得是生活的开始。从此后，我才从最高的方向去找出路，开始信仰我固有的宗教思

知识链接

地狱又称阴间，有人认为是人死后灵魂到达的地方。地狱的观念广泛存在于世界各地的宗教信仰中，如佛教、道教、印度教、伊斯兰教，现今的犹太教和基督教的一些派别。原教旨主义的犹太教和基督教派别并不承认地狱的存在，认为那是受异教观念影响而产生的异端概念。地狱特指囚禁和惩罚生前罪孽深重的亡魂之地，可以说是阴间的监狱和刑场。

想。姆妈本是良善的人，所以，相信地狱是良善不是恶劣的观念。那些地狱说法，她以为是没有的事。她虽常和教会的说法龃龉，却也不因此被误认为是坏的天主教徒。我虽不能依她的话，但听她那些可贵的议论后，我也就不怕死后有轮回地狱的苦痛了。我把整个生命交给她，明知身躯不久于人世，但我更要交给她，相信她的话能使我免除不安，心灵平静地生活下去，因此我在此短促的光阴中，心灵既安静，物质的享受也不欠缺。有一件乐事，使我更觉幸福的，就是她和我一样爱她的田园。我借此逍遥度

日，比牛奶药品等还滋补些，于是我的精神也就一天天地好起来。

到了葡萄和果子收获时，使我们觉得一年中的余日逐渐引起了无穷的田园生活兴味，乡人也渐渐相知相爱了。但冬天又到了，我们又愁闷起来，因须转回城市去了，这对我好像是受了苦刑，以为将不能再来沙默了，春的田野也不能再见了。当离开那边时，我亲吻着树和泥土，欲行又止的不知多少次。所有学习音乐的学生因病而隔离了，我好久没在城内和朋友交际了，除了姆妈和那新来的医生梭门先生朝夕相见外，就无一人了。梭门先生是好人，有学问，是笛卡儿门下弟子，解释那"宇宙的原理"也很精明。并且他有趣且有益处的谈话，使我觉得比他的一切药方要有价值许多。我每讨厌烦琐的言谈，但有益的真正言论，又足引起我非常的兴趣。我爱他，就想研究他所有的学问。在当时流行的学说，我都喜欢涉猎。拉墨先生著的《科学丛谈》，我屡屡翻读。这时我很用功，夜以继日没一刻儿手不执卷的，他人或以为我的病将由此复发，然而我不计较这个，我只觉得愉快，精神和身体同样觉得。因为用功得以把痛苦也忘却了，病状虽见痊愈，可是也不觉得痛苦加添，我就连

对于疲困失眠等病症，也已恬然安之，不以为意，只是等着这个败坏的身体慢慢消耗。因为人总免不了要撒手归西的。

因此之故，我就懒于讲求养生了，就连药石也不用了。他人虽怎样地强迫我，也只有心领敬谢了，梭门先生看见我病已入膏肓，绝非药石所能奏效的，只得用一种温和的药品以安慰姆妈，维持着医生的信用而已。我食物虽有节制，但不忌什么东西，一切都和常人一样自由，我也常常出去探访朋友，读书也是嗜之不倦。邻居书房所有的文学书差不多都看过了。好像此刻不努力，老大徒伤悲的样子，并且还选择几本书，等明年春天带到沙默去读。

我果真有享此幸福的运气，当我一见到那些树木刚抽芽吐蕊时，就快乐得不可形容。重见春天，就好像我再入天国一样。不久残雪融化了，我们已离开牢狱，不久就到沙默，听了莺语的初鸣，那时起我自信从此不会死去。那种乡间生活，的确对我有益，我虽被不幸绕着而感到痛苦，但没有在睡梦中死去。当痛苦较甚时，我常自语："当你见我将死的时候，烦你把我移到橡树底下，我一定可以复活的。"

身体衰弱的我还从事田野工作。我常恨那花园不能由我一人去整理，我举起了锄头，没有几下，已喘息乏力了，汗湿了一身，于是只好坐下休息了。脉搏很快，血往上冲，我又不得不立刻站起。如此繁重的工作我是不能胜任了，我就去养鸽子。对于这份工作，我接连几个小时都不会感到麻烦。鸽子原是极难驯养的禽鸟，不过我的鸽子，竟受我的指挥，甚至不离我左右。当我一到花园的畜牧场时，便有几只鸽子飞在我的手臂或头上了，这样亲热倒使我有点为难。对于惊怕的禽鸟，平时我都喜欢豢养的，这真是一件顶快乐的事，使它能够相信我的忠实，并给以自由。

我前面说过要带书到这边来。不过我读书的方法，却很特别。我有一个狂想，以为要读一本书使有益于

※ 卢梭喜欢养鸽子

我，就是要把书中一切的意义类推贯串，得到一个归结为止。因为我每读一书，没读过几十页，就已翻遍图书馆中所有的参考书了。如此浪费光阴却少有获益，而且脑力也太劳累了，以至于在迷昏的错路上徘徊，无门而入，后来我知道这方法不行，就另求途径去研究学问。

研求学问，第一件事要知如何治学的方法，并要求它和各种学问相关联的地方。于关联处，可以见到一切学问的互相牵应和融会贯通的功用。人类的精神，是不能全知全能的，所以当选择一个主要的学问，其余就算是陪衬了。我的读书方法，是先把百科全书的各种学问，先行分部去看，再把各门类重新综合起来。用我的深思和领悟力，然后由此得到殊途同归的功用。总之无论我是死是活，我也不知可否活到廿五岁，可是我总尽力用功，总想把一切知识全都知道一样，这样时光可谓不空费了。我也不计及前途和死日的到来，我只有研究自己喜欢的学问。

如此研究下去，我觉得很有益处。我在读一部专书时，不到几页，每感神疲意倦。虽勉强看下去，却目昏头眩，精神也就厌倦了。现在把各种知识轮流地交换，从不间断的，这个厌了就看那个，

自然兴趣丛生。我这个试验法自认很有益处，虽然田园和家事，也是有益的消遣。因此读书和消遣，便打成一片，一边做事一边用功，和社会也就不会有所隔阂了。

每天早晨太阳未升，我就已起床，沿着邻舍的草地走去，在那美丽的道上散步。遍山全是葡萄，并且循山坡可一直到沙利，我在散步时，也一边做着祈祷，这并不是口唇的开合而已，实从我心坎中发出一种感谢大自然的真心祷颂，因她创设如此美丽的景象，在我眼前之故。我在室中时绝不愿祈祷，因四周给我的，尽是人为的工作，使我和自然之神隔绝了。由自然的美景中，直接认识自然的伟大，我的内心不觉地向往着。我的祈祷是洁净的，并无免除苦痛困难，及求来世的意念在内。我完全不替自己求福保佑，确切地说，我并不是在祈祷，实在是羡慕和赞赏。在散步时，田园风味是百看不厌的，在有太阳时，我在远处望着姆妈，如果她窗口已开，我就喜出望外，快快地跑回去。若是仍关着，我就到园内徘徊，或整理园事，等待她醒来。当窗启时，我进去她床前亲吻着她，她有时还是蒙眬的样子。如此吻着，纯洁温暖已极，毫无一点别的念头掺杂其间。

我们早餐通常是咖啡和牛奶，这是一天中最安闲的，我们随意地谈天。这样早餐花费时间较长，可是所得滋味也很浓。我们是用英国及瑞士式的早餐，一同集合着吃，比法国一个人在房内吃还有趣些。和姆妈进行一二小时的谈话后，我就去读书一直到午膳时方止。这时我看的几本哲理书，如普鲁的《理论学》、洛克的《人类理解论》，马勒伯朗士、莱布尼茨以及笛卡儿诸位的著述，我常惊疑他们学说的参差矛盾，我遂想为之调和，这当然是徒劳无功的事。我于是另想出

一个法子，不混着自己的意见，也不加入他人的见解，只是顺着他们的言论，无论是真是伪，只要有条理，都贮藏起来，以便将来的比较和抉择之用。如此经过数年工夫后，再由我自己去判断。这样素材既丰，到日后能自己表现时，便不必依赖人家了。

我那时还是研究几何，进步很少，但代数经过几何的图形证明后，便较有头绪了。拉丁文我费的工夫也很多，可是依然故我，成绩极少，我虽能看懂拉丁书，但谈话和写作仍是不能。中午没到，我就不读了。如果午膳没好，我就去看鸽子和整治园庭，听见有人唤我

去吃饭，我会高兴极了，而且胃口也极佳。身体虽羸弱，胃口却一直很好，这是可以自慰的。每星期有几次，在天朗气清时，我们就到屋后茅亭上去喝咖啡。亭边绕着我手种的藤萝，阴凉风快，可作我们避暑的好地方。我们在此逗留约一小时，然后去看看花菜，谈谈家常，其乐自谓不可复得。园的后边，还有我的小家庭，就是蜜蜂。我常和姆妈一同去看视它们，它们工作中最能引起我兴趣的，就是当它们采花蜜回来时，小腿上沾满了花蜜，好像走不动的样子，这真是别有趣味啊！有几次，我因太贪看了，竟受到它们的刺螫。不过日久亲密之情日增，我无论怎样接近，它们也不会和我为难了。及至巢满蜂多，需要分家时，我便去帮忙处置分食的事务，左右都给它们所包围，全身全是蜜蜂，却没有刺过我一下。

到了午后，我虽仍是去读书，不过名为看书，其实玩耍休息时间较多。那时我所看的都是历史、地理等书籍，因这两样功课比较不费脑力。我又想研究天文，不过需精确的仪器帮忙，才更能引起兴趣。只靠我的近视眼，是不能观察天空的星象的。在此我记起一个可笑的回忆了。为想要晓得星座的位置，我曾在夜间于园内燃着灯用镜去测量，并不时地对照着

一张平面天体图。我如此目测天象，自然会给人笑痛肚皮，而且乡人多有些不知究竟的，还以为园内有鬼神在作法呢！

如此就是我在沙默读书的情形，而且当时对于园事也有一定的工作，我努力所及的就是像农夫般勤奋。至于读书，我虽一遍遍去读，只因记忆力薄弱，总不能过目不忘，但我仍孜孜不倦，每到鸽巢、草场及葡萄园时，总是挟着书本去到树荫篱边。可是每次书册都丢着而忘记带回，直到几十日后才发现，那些书册当然给雨浸、风剥、蚁食、虫蠹得不像样了。这种好学狂热，竟成了一种癖性，无论做什么事时，我口里总在暗诵着话语，活像一个书痴的样子。

后来我看了许多宗教书籍，觉得死后还有轮回地狱的说法，我的心就未免有点惴惧。虽自己心地善良，且读了一些科学书籍，但地狱劫难等说词仍是盘踞得很深呢！我常自问着："我眼下如何呢？如我死了之后，是否须受地狱的酷劫呢？"一天，我正在愁闷此事，忽想取石去打树以为预验。我想："我用石头来击前面的，如打中了，我就会得救，不然我就要下地狱了。"于是找到一块石头掷去，侥幸地打中了树身。因我选了一棵

树，走得极近时才掷去，这是容易的。可是从此之后，我就不再忧愁了。如今想起此事，我真是哑然失笑。你们也必定是在讥笑我的痴愚了，但我却希望你们不要有如此的存心，因其时确有万感刺心，无人可以倾诉。

虽然这个怕下地狱之念，倒不是永久如此的，也不会减少我死的勇气。我以为能够快死，倒比久病为舒服，而且我已感到生之厌倦了！我虽年轻，生的幸福已尝遍了，好像我已推测我老年的悲惨似的。所以这时对于死的观念倒很自然，过去既无所悔恨，未来更少希望，我要享受的唯有目前的幸福而已。草场上用膳、花园内晚饭、果子的收获、葡萄的采取，以及善良的乡人去剪葡萄枝，这些都足成为笑资呢！记得是姆妈的生日纪念那天，我们到前面的山谷去游玩，姆妈体胖，可是仍能健步。穿山、爬岭，或休憩于山林中间，什么时候也不知了，我们谈到聚合之乐，以及平和的命运，只望来世亦如是，其时四周环境也好像在鼓舞我们。因为天刚下过雨，不见灰尘，川流很湍急，风吹树叶，空气清新，天空上无一点云影，其时苍穹的洁净就像我们心中的洁净一样。我们把带去的食物，借农家烹制，和他家人一同分吃着。这些农人都很诚意祝福我们，餐罢我们就在大树下纳凉。我拾取些干枝烧着咖啡喝，姆妈在花丛中采着植物玩，并解说它的形状和功用等等，就此引起我研究植物的兴趣了。那时忽来一个念头，觉得这个梦像在七八年前，似乎在恩南一度发现过。我深深地感动，甚至掉下泪了。我就抱吻这亲爱的女友，我很快乐地向她说："姆妈，今天这好日子，老早就预定了，我此刻快乐极了，我的幸福是受你的赐予，可说达于极点了。希望这幸福永远如此不变，希望这幸福和我同始终！"我的幸福日子，就如此过去，自然还有别的事务，但结果都很美满的。姆妈本爱在自然中讨生活，自和我同居后，更感到自然的趣味了，她也逐渐爱起田园生活了。她努力于田园事务，有时租了田种，有时又买牧场养畜牧，她很希望如农人般地工作着。后来她竟赁了房子，自己去做田务了。我对她很不赞成，想她对于农事，也和经营其他事务一样，一定不会有成就的。但她既定了主意，也就不去反对了，因想此事如能成功，未尝不足裨益生计呢！于是我也竭力一同操作了，自己并愿做她一切工人的领袖。这对我身体也是一种锻炼。

一七四一年

这年的冬季，巴耶从意大利回来，替我带了几本如《音乐大纲》的音乐书，这使我向往音乐史方面的研究。我既已是成年人了，来年春天，我就可到日内瓦，去要求我应得的母亲的遗产，即时父亲也会到那边。当局内部因有一事，他以前的讼事也就无暇顾及了。他得了我哥哥的一份遗产，我哥哥因音讯久杳，他的遗产仍归父亲保管。至于我所分得的，除买点书之外，全交给姆妈。她收了钱后，并不怎样赞扬，所有的钱后来仍用在我的身上，由此更可见她的心地纯洁了。

那时，我的健康，一点也未复原，而且衰弱

※ 美丽的日内瓦

得很，面色苍白，骨瘦如柴，脉搏慢得吓人，心悸加甚，好似胸中被压迫一样。后来竟至步履维艰，一步一喘息，一弯腰就头昏了。多愁善感，甚至鸟鸣叶落也会惊心颤抖了，可是心又很闲静。我有生以来，第一次就像心身不能同享福般的。此时我精神虽快乐，身体却衰颓已甚。

内心很惨苦，身体也未见健康过。

为调养自己，在读书时我也兼看生理学，尤好研究解剖学，好明了自己身体的全部结构，这种知识使我得了一些可惊异的研究，以为那些病象都是我所具备的了。我一点不怕我自己的死，却加一层，自信可以治愈的，这是看医书的人所有的一种欲望。我断定自己是心脏病，以前安儿曾说过，蒙利耶地方有个费纳医生，能医这种病。姆妈便想起这事，叫我赶到那儿去就医。

本来可以无须远出求医的。骑马去，我不习惯，也太疲倦，我就改乘轿子。在格琅地方忽遇见五六乘轿子，前后连成一串。大半的轿里坐的都是新娘格罗比夫人的伴行人，其中和她同行的有位娜期夫人，她虽不及新娘年轻美貌，却也风姿楚楚。当时我因羞怯的关系，没有和她们认识。但一路同行，同旅舍，同桌同饭，后来就认识了。实际我并不愿这件事发生，因为这种交际对于有病的人是不适合的。这犹如风骚的女人想人爱她，又佯装没事，我如今就遇到了格罗比夫人因被那些少年围困着了，自然无益于我，不久就分道而走了。可是娜期夫人，因路上需要陪伴她，就有意向我表示好感。可怜的我这时竟没了灵魂。那些热症，那些病魔，和心脏息肉，在她面前都已消失了。只是那心搏，她却不能使我停止，而且她也不会医好的。我的病状可说是我们相识的媒介物，因她们明白我到蒙利耶地方是去医病的，我的孱弱不能有所作为。但我虽病，她们也不怀疑我，每天早上，她们都叫人来探听我夜中的情形，叫我同她们一起喝咖啡。有一

知识链接

解剖学是涉及生命体的结构和组织的生物学分支学科，可以分为动物解剖学和植物解剖学。解剖学的主要分支有比较解剖学、组织学和人体解剖学。在解剖学研究中，研究人体器官常利用剖割的方法，组织、细胞的观察则会利用显微镜。

※ 基督教徒认为做礼拜时耶稣会在场，以帮助清洁自己的灵魂

次，我漫不经意地回答她们说："连我自己也不知道昨夜的病情呢。"这使她们以为我是发狂了，就愈引起了试验我的念头。有一次，我听见新娘对她女友说："这人虽不懂什么，倒很可爱呢！"这句话使我安心了，实际上我就是像她们所说的。

于是大家彼此认识了，就会问姓名和来自何地，以及从事什么职业了。因我想到新改的名字，有碍我在女人面前的形象，便佯装是英国教士，说自己名叫当徒。于是大家就叫

我当徒先生了。同行还有一个杜干侯爵，是一个害病连脾气也不好的人，就来缠着我问英王的故事，和辅佐的好否，以及圣日耳曼朝的篡位等事。这使我麻烦极了，幸好我以前还有点知道，不致给他难倒。又幸人家没有问及英国的语言问题，我在这方面就真的茫然不懂了。

如此地邂逅着，有人于半途分离时，大家就互道珍重各自离去了。有一天，刚到圣麦良，娜期夫人说要去做礼拜，我就陪她去，我是以很严肃的心情去参与祈祷，这次却弄坏了事。她后来对我说，以为我是真正的道学家，她就要罢手了。但她仍继续向我引诱，手腕的温婉，真够让人销魂的。她急促进行时，我虽蠢，也能察出她的意思。其时我的情窦方开，往往对自己或对她叹息说："怎么不会实现呢？若是所说的实现了，那我真是个快乐的人。"我想如此的不近人情，只会给她讥笑，很难引起她的内疚的。

我们到了奴马时，新娘和随从分别了，只剩我和娜期夫人及杜干侯爵三人了。侯爵虽是个病人，但可算是好人。他总不愿吃那烘面包，所以他虽看见娜期对我有意思，也绝不起妒心，只对我露出讥笑的神情，因此我就更不敢领她的

情了，然而我未免心有戚戚焉。这样矛盾的心情，她也觉察到了。

当一行人到了瓦郎士，我们就一起用餐谈天，城外的一个客舍，那间娜期夫人所住的房子，我是永远不会忘记的。饭后，她去散步，我没邀请侯爵同往，觉得这是一个最好的机会，她是不会放过的。于是一同环城走到城壕边，我谈起我的病痛故事，她很怜悯的样子，常把我手紧压她的心口。我虽蠢笨，也明白她的诚心，这时我也极为感动，几乎手足无措了。她本可怜，又露出妖艳的风韵，当她和我谈话时，我心却未敢十分信任。怕她未必有情，若我冒昧行事，也许会遭她拒绝，自讨没趣呢。又怕受她的讥笑，也就冷了下来。然而又未能毅然置之，我简直手足无措了，口无法发出一语了。然而她主动吻着我的唇，把这误解消除了，我也就变成可爱的人了。这已可充分表白信任的时候了，我的眉目、我的感觉、我的心和口，立刻滔滔谈着，自问我生平从没有如此痛快呢。至于她为了这一点事，已费尽心计，如今所得，我相信她也是无遗憾了。

假如我能活到一百岁的时候，我若想起这事，也会记得她风韵楚楚的一面咧！她确实风骚，虽已徐娘半老，却也还有点动人之处。从她面部已可见出她的聪慧温柔了，

虽然皮肤不很细嫩，也太过于红一点。她的外表不像是高贵的人，人们初见面通常不会爱她，但一经亲近，却又心里痒痒的。她对别人，并不是像对我那样轻率相许的。她这回用情虽嫌急切，但并不是为肉欲的关系，心情也占大部分，她眷顾着我的健康，比我爱她的心情还要真切些。我们的情形，是瞒不过那侯爵的，不过他也不会来讥笑我，他觉得可怜的我是被女人牺牲了。他从没说过一句话，在一笑之间，一眼神之中，好像知道我们的心事似的。若不是她告诉我，他是诚实人，只是不肯说出来，我差不多以为他真的不知道。他一直是很客气，很有礼貌的，对女人和对我都是一样。自从那天我们通情之后，他对我更是有礼，只是常常以

知识链接

侯爵：欧洲国家贵族爵位中，从最低级贵族爵位以上的第四级为侯爵，在公爵之下，伯爵之上。近代欧洲各国的侯爵名称相对统一，多数与法语的Marquis同源，一部分国家保留了与德语Markgraf同源的名称。

笑话来打比方罢了，也许他在祝我的成功呢。从这时起，娜期夫人已像默允似的，常以讥笑反驳他。我自从得到她爱情的启示后，已不像以前的我了。

我们所到之处，所过的季节，所吃的美肴都十分丰盛，又承那位侯爵的处处留心，甚至他注意到我们的房里来，他往往叫佣人整理我和娜期夫人的房间。那仆人是否秉承他主人的意思，或者他自己想出的，这个仆人往往睡在娜期夫人隔壁房，却把我弄到最末的一间房去。然而这不能阻碍我们，反而使我们相会时格外地热烈。这个极乐的生活，虽只有四五天，可是在这短时间内，我已享尽了甜蜜的乐趣。这是个纯净热烈，而无痛苦的乐趣，也是我最初一次享受。所以我敢说，如不遇到娜期夫人，我几乎到死都不识其中真正的乐趣！

至于我对她的感觉，却不完全是真正的爱情，这不过是投桃报李的手腕和一种肉感的燃烧及酬答的例行公事罢了。其实我和她的亲热狂欢，自己也不知快乐的真谛。我一生中只有一次觉得真正的爱，但不是在她前面。我爱她绝不像爱华伦太太一样，单以爱情说，要比她身上所得的爱超过数倍。我亲近姆妈时，我的快乐常给忧愁所打

消，内心的艰辛使我不能充分地快乐。我想到占有她就快乐不起来，只觉惭愧，好像她的纯洁给我玷污一样。而靠近娜期夫人就不然了，自己觉得是个男子，有种骄傲的感觉，能得到美人的官能乐趣，情愿把全身沉醉在她的信任和快乐中。

我已记不清在何处，侯爵到了家乡就和我们分离，于是只剩我们二人了。娜期夫人立刻把女佣换乘到我的轿上，我就和她同乘一轿了。一路上自然有说有笑，陶醉到连经过哪些地方都忘了。她因有事在那边停了三日，在这三日之中，她一刻也不愿离开我，她对于访客也觉得讨厌，外面如何请她，都找借口推辞了。于是我们二人就整日到各处去散步游乐了，畅谈游玩也无牵制了。这三天的日子我觉得如今已不能再享有了。

旅行间的爱情，绝不能永久的，所以我们终于分手了。我对她虽愿永相厮守，但事实到底是不能的。虽很谨慎防范，但社会上悠悠之口可畏，所以我们分离时，只愿以后再去补偿此回的缺憾了。这回的意外艳遇，竟使我康健，我将于冬期到圣恩再和她相见。此时我要到蒙利耶住五六个星期的医院，也好使她得于此时预防着外边的议论的准备。她对我说了好些教导的

话，和应有的行为上的劝告，并说在这等待着的时间，我们仍可频繁地通信。她吩咐我事情要留神，尤应善保身体，去请好医生诊治，并说我住在她旁边时，她定能替我照着药方医治。她说得很中肯，的确很爱我，她见我盘缠不多了，又把她所有的分些给我，我却不好意思接受。离别时我的心头，只是想着她，我想她对我也必如此吧！

如此独行，又是坐在安适的轿上，使我不禁回想这回的奇遇了。我梦想着到她家时如何享受的情形，这个快乐的幸福，已在等着我了，我眼中只有她一人，宇宙间没有什么值得我留意！就连姆妈也已丢之脑后了。萦绕我脑袋的，全是娜期夫人的一切，她的起居、她的邻舍、她的交际以及她的生活。她还有一个已过十五岁的女儿，活泼可爱。她许我到她家时可以疼抚她，这使我更不会忘记。于是我好奇地想着，日后这个少女将怎样对待她母亲的恋人呢。一路如此乱想着，一直到目的地，大家说到了盖桥时才断念。早餐之后，我便雇一向导去看，这罗马人的伟绩我看了之后的确觉得是世上最伟大的建筑。忽然间我又给这个印象深入了心头，我赞叹只有罗马人才有建筑这伟大工程的魄力。最使我惊奇的

※ 古罗马人建的桥

是这个简单雄壮的工程竟是建筑在旷大沙漠边，这个所谓的桥也只是通引水道。这里的巨大石头也不知经过多少力量，从多远的地方搬来的。当我一直游赏那庄严建筑的三层时，我的崇敬之心竟使我不敢把污迹踏在那上边。我的足音也好像听见当时建筑的人们宏伟的声音。我在这样广大之中，自己觉得更渺小了，还不如一只虫子！可是不知何故，我又振作精神了。我于是感慨地自语着："我何以不生为罗马人呢？"如此羡慕叹赏了好久。当我回去时，我又开始茫然自失地空想着，这个痴迷是得不到娜期夫人的许可的。她只想到要预防蒙利耶女人来引诱我，却未曾想到盖桥也会搅乱我。总之，一个人思虑总是不能周到的。

我到了罗马时，又去参观那伟大的罗马剧场的遗址，这比盖桥更壮观。但它在我心中却占很小的位置，也许因地点太近于城市。因这伟大圆剧场四周全给那些破陋的小房子所环绕着，以致产生出不和谐的观感。看上去只会使人不快和遗憾，减少了那伟大的赞美和惊异。我也曾见过维弄的那个大剧场，规模虽小些，但因保存完整，却能给人好印象。这也可见法国人对于什么事情，都很随意的一例。他们

在开创时只是一鼓作气，轰轰烈烈的，然而事过境迁，也就淡然置之了。

我在路上时，竟忘了自己有病，一到蒙利耶忧郁病已好了，其余的仍旧存在。有时心中想起死神似乎已在前面了，因此急于要到有名的医生那去诊视，尤其是要求费纳先生的诊视。我就住在一个医生家，每天依照费纳医生的药方吃药，并常和他家同住的许多寄宿学生一同游玩。每天下午，到城外去散步或看他们比球。外出散步，对我是很有益的，而且看看这些学生们的活泼天真，使我更感到一点生机。可是那时医生还不知我的病症，医生说我是"神经方面的病"，于是随便给我些药，如发汗剂、脱脂奶等东西吃。他们既然不能认清我的病症，就断定我是无病的。所以我在此城住了大约两个月，用了些金钱，身体却一点也得不到益处。

关于我决定的行动，每每迟疑不决，当回程到圣桥时，是到娜期夫人的圣恩地方，和到姆妈的沙利分路之处，两地路程都是相同的，因此使我感觉到无所适从之苦。对姆妈的回忆，和她信上的教训，对于我近日的行为不免有点自悔，而不敢即时回去。我将到娜期

夫人那儿去，假冒英国人，不识英文，随时可能有被人拆穿西洋镜的危险，也许她的家族起了恶感还会把我加以侮辱呢。那时想到她的女儿，更使我不安了。即使和他母亲尽情享乐，却把她女儿丢开了，我又不敢去对她表示一点真心，这也太说不过去了。我又何须到那边去自寻烦恼呢，我不去一切事情都解决了。我又想起姆妈的好意，她为我负债，为我而吃苦尽瘁，如今我还欺瞒她，这忘恩负义的事情更是不可了。因此天良和快乐二念交织着，终给天良战胜了，我便叫轿夫

向着沙利方向前进了。心里虽未免有情，可是我坚决的勇气，已足使我忘怀了，我自语着："放尊重些呀！我已用天良战胜快乐了。"

　　好的行为，是振奋高尚精神的。精神提得高，人们的行为也就不会卑鄙了。当我下了决心后，我就成另外一个人了，同时以前的昏迷状态，也完全消除了。满抱着美好感情继续我的旅程，并希望对姆妈忏悔，宣誓我忠实的爱情，以赎之前的过失。不过我心里也感触到一种愁惨，一生不幸的命运，又在约束着我了。